PACTES D'AMOUR

La Vérité Sacrée des Âmes Jumelles

Juan Pedropablo

Traduit par Guillermo Cabello Garcia

"PACTES D'AMOUR - La Vérité Sacrée des Âmes Jumelles"
Écrit Par Juan Pedropablo

Distribué par Babelcube, Inc.
www.babelcube.com
Traduit par Guillermo Cabello Garcia

Pactes d'Amour

LA VÉRITÉ SACRÉE DES ÂMES JUMELLES

ESSENCES UNIQUES

Dédicacé à Mariela, héroïne de cette histoire et à mes deux fils, José et Pedro, sans lesquels je n'aurais pas pu écrire complètement sur l'Amour.

PRÉCISIONS POUR LE LECTEUR

J'ai besoin de préciser pour mon ami lecteur, deux sujets essentiels.

Le premier, que tout ce qui est raconté dans ce livre est un témoignage, c'est-à-dire que cela correspond à des faits et des situations réels, qui sont arrivés tels qu'ils sont racontés. Par respect de l'intimité, les noms ont été changés et quelques références qui peuvent exposer la vie privée de certaines personnes ont été également modifiées. Mais pour le reste, l'intégralité de l'Histoire est en complet accord avec des faits véridiques, qui sont réellement arrivés.

Le deuxième sujet que je veux aborder est le mode narratif. Fondamentalement, l'histoire est composée de textes que j'ai écrit (à différentes époques de ma vie), et de transcriptions de chats de whatsapp et de courriers électroniques, dont les contenus, je le répète, ont été copiés littéralement dans le texte, sans aucune modification, et même, sans corrections orthographiques ou syntaxiques qui pourraient altérer leur fraîcheur. Quand à la construction temporelle, elle correspond à la chronique des évènements que vous lirez bientôt, en dehors de quelques digressions philosophiques autour desquelles le texte a été structuré.

Ainsi précisé ce qui précède, je vous souhaite sincèrement une confortable et agréable lecture.

PRÉFACE

de Susana Lucero, thérapeute à Flores de Bach.

Depuis les débuts de la création, et pendant une longue période de temps, jusqu'à cette partie de l'histoire de l'humanité, quelques étincelles divines décidèrent de s'incarner sur terre, en se divisant. C'est à ce moment que se créèrent les Compléments Divins ou autrement dénommées Âmes Jumelles, qui, après un processus de densification, entrèrent dans notre système solaire pour accomplir leur évolution expérimentale et à un certain moment se retrouver dans le but le plus élevé et sublime, celui d'atteindre, entre autres choses, l'ascension ou le retour au foyer.

Ces belles Âmes, qui contiennent de façon polaire l'essence même de la divinité, ne sont pas des choses lointaines, d'un autre monde ou dimension. Beaucoup d'entre elles sont et coexistent ici-même sur la planète, aussi palpables et tangibles que la vie elle-même.

« *Pactes d'Amour* » nous présente de façon simple, pratique et révélatrice deux histoires de personnes qui ont expérimenté dans leur propre *Être* cette rencontre magique, et au travers de leurs expériences réelles nous aident à reconnaître et se rappeler que l'Amour Éternel et Sacré est une Réalité.

Sans aucun doute, ce livre provoquera des interrogations qui nous amèneront à nous intéresser davantage à ce thème passionnant et ouvrira des chemins dans la mémoire qui peut-être étaient oubliés.

Témoignage écrit comme un roman, où se matérialisent en mots les faits et évènements qui révèlent au lecteur la réalité du plus pur Amour, concret et spiritualisé, vécu ici et maintenant depuis des temps immémoriaux.

PROLOGUE DE L'AUTEUR

En Avril 2014, fortuitement, bien que je sache que rien dans la vie n'est dû au hasard, et que des puissances supérieures la gouvernent, je fis la connaissance de Mariela. Je n'aurais en aucun cas pu imaginer ce que la vie me préparait à partir de cette rencontre. Une puissante et traumatisante succession de faits, essentiellement sur quelques jours, se manifesta autour de moi comme un *Grand Signe* qui acheva de me révéler ou de me confirmer une conviction très intime. Certitude ou intuition ancrée au plus profond de moi et que j'appelle « » Savoirs Internes », ou « Sagesse qui vient d'un autre Temps », mais que jusqu'alors je ne pouvais pas affirmer sans cet arrière-goût de doute ou de conflit.

Tout arriva très rapidement, et avec une Force Tellurique et Céleste s'exprima une grande vérité. Et cette Grande Vérité est l'existence depuis toujours, depuis l'éternité, d'une sorte de lien magique entre deux êtres, deux âmes, qui partagent une Unique et Même Essence, un feu stellaire parfait, une poussière d'étoile, de laquelle ils sont issus.

La Vérité Sacrée des Âmes Jumelles ou Essences Uniques, est une réalité qui se manifeste depuis le sein même de Dieu, de l'Un.

Longtemps avant ce mis d'Avril 2014, quatorze ans pour être précis, je fis la connaissance de Maria, mon *Complément Divin, mon Être Polaire*, comme l'appelait *Boris Mouravieff* dans sa Gnôsis.

Et depuis, ma vie fut marquée par cet évènement.

Déjà lors d'un voyage précédant cette rencontre, alors que je vivais dans la Province de Cordoba et que je devais me rendre à la capitale provinciale pour un check-up de routine, des augures et des prémonitions se succédèrent. Visualiser par exemple des fils de lumière dans les airs, accompagnés de petites bulles d'énergie ou de lumière, ou une chanson qui me poursuivait obstinément, remplissant mon coeur et mon esprit du nom de cette femme que j'allais bientôt rencontrer.

Trois jours avant ce voyage, j'avais terminé un roman, «*L'Oubli de Gaston* », après sept ans de dur labeur, bien que dur et labeur ne sont pas des mots qui correspondent à l' expérience de l'écrire, car j'eus toujours la sensation, sans savoir pourquoi, que cette histoire n'était pas mienne, que quelqu'un ou quelque chose me la dictait à l'oreille, une voix douce de femme.

Le personnage féminin du roman est une femme blonde et blanche et par blanche je fais référence à une énergie incroyablement savante et belle. Une femme présente en moi depuis toujours, dans mes rêves et aussi en éveil. Et pendant ces trois jours après avoir terminé le roman, j'ai senti sa présence éthérée comme jamais auparavant je ne l'avais sentie, au point de me gêner par sa matérialité et par sa profondeur, et sans motif aucun, éclater en sanglot pour me soulager de ce sentiment qui m'envahissait avec le goût émotionnel des prémonitions.

Et ce fut ainsi que je fis la connaissance de Maria, annoncée par des larmes d'émotion sans motif apparent et des petites bulles de lumière dans l'air, et l'impact de cette rencontre marqua ma vie pour toujours, et que je peux seulement définir avec des approximations. Sensation de Retour au Foyer, Dieu en Elle, L'Amour de Dieu exprimé sur la Terre, ou simplement *Ce qui au-dessus d' Elle et Moi qui est Un en nous deux*.

Après cela la vie et une succession d'étapes ou périodes où nous allions et venions. La douleur, le vide, la sensation de mourrir, le désir de mourrir, la déchirure énergétique de la séparation et l'absence. Mais aussi l'apprentissage, la croissance spirituelle et le *Réveil*.

Les *Compléments Divins* sont en mission sur *Terre*, et avant leur *Fusion* définitive, doivent accomplir leur tâche et achever le Plan écrit dans leurs Âmes.

Mais le *Retour* et l'*Union* sont inévitables, plus loin que les avatars de la vie, parce qu'ainsi *Fut, Est et Sera.*

« Nous ne sommes pas venus apprendre quelque chose, nous sommes venus nous souvenir ensemble... »

« La Force de Mon Amour et de Ton Amour changeront le monde »

UN POUR DEUX

LES RETROUVAILLES

« Quand je te vis pour la première fois, mon Coeur me donna le signal que j'attendais tant, et je sus depuis lors que Tu étais ma princesse désirée... »

Premiers jours de Décembre de l'année 2000

Quand le téléphone sonna par ce chaud après-midi de Décembre, Maria en avait fini de la routine des tâches domestiques et du goûter de son fils Pedro, et elle se reposait de la fatigue d'une dure journée de labeur en se massant le cou, pendant qu'elle bougeait sa tête blond cendré, essayant de soulager les craquements de certaines vertèbres. Elle décida de ne pas répondre et se déchaussa pour s'étaler sur le canapé, en dégrafant le corset prescrit pour sa colonne vertébrale, mais qu'elle avait adopté pour cacher sa bedaine. Pedrito jouait sur l'ordinateur. Le téléphone sonnait obstinément et rythmait son apathie. Un halo de lumière s'était attardé sur son entre-jambe , et Maria fixa son regard sur cet éclat jaunâtre qui filtrait par une des ouvertures du store. Le téléphone sonna de nouveau et suite aux reproches de son fils, elle répondit d'un bonjour mi doux, mi banal. Bonjour Maria, c'est Juan, bonjour Juan, comment vas-tu, moi ça va et toi, bien aussi. Ils décidèrent de se voir à vingt-deux heures trente sur une place de la ville de Cordoba. Maria retourna sur le canapé et s'étira, bien décidée à s'immerger dans ce crépuscule, dans lequel s'était convertie sa vie après sa licence en psychologie, son mariage raté qui lui avait desséché le corps et l'esprit, et ses presque trente-et-un ans. Seul l'illuminait son fils, Pedro, qui la réveilla d'un baiser sur la bouche et d'un pincement d'oreille. Tu t'es endormie maman, tu dois m'emmener voir papa, oui mon amour, on y va tout de suite.

Juan fuma cigarette après cigarette pendant qu'il attendait assis sur un muret et regardait avec méfiance la blonde platine, aux faux ongles et à la cinquantaine sophistiquée, qui lui avait demandé l'heure par deux fois, poussant des soupirs dans une attente qui la rendait nerveuse. Ce Papillon qui semblait perdre la poudre de ses ailes à chaque désagréable minute d'attente, n'était pas en accord avec l'esprit de Juan, la trentaine mais je fais moins, des yeux bleus, un mètre soixante-dix, cinquante-six kilos et des cheveux d'un blond étincelant qu'il avait acheté sur un chat. Il regarda de nouveau l'heure, il était presque vingt-trois heures quand il décida d'attendre encore cinq minutes supplémentaires. Il prit une autre cigarette et regarda de nouveau en direction de la voie des véhicules fugaces et des cimes feuillues des tipas, et se découpant à contre-jour, il vit s'approcher la silhouette gracile d'une femme élégante, arborant une grâce qui se dégageait de son pas mal assuré sur ses hauts talons et esquissant un sourire qui ne pouvait qu'être le signe d'une rencontre concrétisée à l'aveugle sur un canal de chat. Tu as bien vu que je te trouverais, dit Maria, j'allais m'en aller, je pensais que tu ne viendrais pas, répondit Juan, excuse mon retard, bien sûr que je t'excuse, je m'assois un moment parce que j'ai mal aux pieds, tu es plus belle que je ne pensais, et tu n'es pas laid, idiot.

Maria prit un « cuba libre », Juan un whisky. Le bar était parfait pour un jour de semaine où il y a peu de gens dans les rues et pour une rencontre entre une femme divorcée et un homme marié. Ils parlèrent de la vie. Juan, troublé par le regard cristallin, concentré sur un point virtuel situé à la naissance du nez de Maria. En plus, il était nerveux, quelque chose dans son corps s'était déclenché, comme si chacune de ses cellules s'était manifestée dans une clameur faite de sang et d'esprit. Elle, qui également se sentait bizarre et ne savait pas pourquoi, débordait de gestes de douceur, s'amusant beaucoup de sa nervosité à lui. L'alcool prolongea la conversation et le premier désaccord se produisit. Juan parlait du besoin de sérieux dans les responsabilités du quotidien, Maria défendait le privilège de prendre les choses comme elles sont, toutes des conneries. Il y a des problèmes qui requièrent du sérieux, moi j'aime déconner, peut-être dans certains domaines, il n'y a pas de sujet que le sérieux ne dévaste, ce pays a été ruiné par la connerie, j'aime ce pays, je crois que nous les argentins sommes bizarres, spéciaux, j'ai vécu en exil, il faut sans doute être loin pour l'aimer. À quatre heures du matin et avec une ivresse bien partagée, l'inventaire des clins d'oeil extrasensoriels correspondait pour Juan à une impression photographique d'un geste de Maria se frottant le nez. Curieux caprice que de se focaliser sur ce geste banal et de l'élever sur l'autel de ce que l'on n'oubliera jamais, car elle se gratta d'une façon si inconvenante chez elle, mais il adora. Et Maria de son côté, gardait juste en dessous de son cou, près du firmament de son âme, une manière furtive, qu'avait Juan, de regarder, entre tristesse et métal acéré, mais elle reconnaissait ce regard, et elle ne savait pas pourquoi, mais elle pouvait y voir. Allons prendre un café chez moi, invita-t-il, allons-y, Maria n'eut aucune hésitation, prenons un taxi, non, allons-y à pied.

À peine Juan avait-il fermé la porte de l'ascenseur qu'elle ressentit le lourd silence d'un conflit, entre un « je suis là parce que je suis à l'aise et je ne sais pas ce qu'il m'arrive », et un « j'espère qu'il ne va pas penser à mal ». Sur le palier, Juan lança une idée stupide et Maria approuva l'intention, avec un sourire. Juan se dépêcha d'allumer et déboucha des bières. Maria choisit la musique et demandant toutes les dix minutes, si je t'ennuie dis-le moi, elle lui raconta sa vie. Maria fait partie d'une famille de noms illustres. Depuis toute petite, fut inoculée dans son être une sentence incontournable pour ceux de son sang. Sa maman l'initia aux lectures classiques. L'Odyssée, l'Iliade, argonautes et sirènes se mélangèrent dans son imagination de petite fille avec les histoires douces et tendres que son grand-père lui racontait pendant qu'ils se promenaient dans la cour d'un été qu'elle n'avait jamais oublié, ou après des dîners familiaux quand ils se mettaient au lit, le grand-père, la petite-fille et onze tétines de toutes les couleurs et tailles qu'un beau jour un père lapidaire cassa devant elle pour ensuite la désespérer, en lui disant qu'il les jetterait aux cochons. De son père elle hérita son respect pour les livres. Maria l'admira depuis son enfance, et cohabita avec la routine mathématique qu'exigeaient l'ingénierie et les milieux académiques. Après, quand les engagements s'effaçaient, papa José laissait libre-cours à sa vocation de philosophe. Maria se souvient encore de sa figure imposante, décrivant des raisonnements complexes au sujet du temps ou de l'espace, ou prenant sur un carnet des notes qui lui serviraient pour un traité d'épistémologie qu'il n'écrirait jamais, ou gardant avec ferveur des traductions de Marx dans la bibliothèque aux vitres dépolies gravées du blason familial. Maria reçut du jeu de cartes astral, un regard avec trois couches d'intelligence et une proverbiale force d'esprit, qui parfois lui donne un caractère épouvantable.

Dans l'obscurité, nos yeux deviennent orangés, et nos oreilles phosphorescentes, dit Juan à Maria, et il l'invita à danser sur une ballade qu'émettait la chaine stéréo, juste au moment où elle quittait ses chaussures. Oui, dansons, mais je ne veux pas que tu penses à mal, ajouta-t-elle. Juan l'embrassa quand elle se laissa tomber dans ses bras. Ce fut un baiser qui eut la texture de deux bouches qui se connaissent, ou plutôt qui se reconnaissent, et ils s'émurent jusqu'aux larmes, sur ce fait inexplicable, et à partir de cet instant, Juan continuera à ressentir pour le reste de ses jours l'expérience spirituelle la plus profonde et réelle, à chaque fois qu'il embrasse Maria ou lui fait l'amour, ou simplement la regarde. Elle, par contre, pleurera beaucoup à cause de Juan, dans les temps à venir, et cherchera refuge dans le déni. Ça doit être facile de tomber amoureux de toi, lui dit Juan. Elle le regarda, orangé. Il se couchèrent sur un matelas que Juan avait préparé dans le salon et regardèrent le plafond. Par la fenêtre filtrait la lueur d'une nuit lunaire et les bruits et tribulations de la vie, prête au repos. Et Maria se sentit nerveuse et anxieuse, et Juan la prit dans ses bras et Maria eut peur, très peur et lui dit ça suffit, Juan, comprends-moi. Et ils continuèrent à regarder le plafond et parler jusqu'à ce qu'ils s'endorment.

Juan succomba enfant, aux plaisirs brillants de l'intellect. Stimulant et boussole de son esprit, il lut avec frénésie jusqu'au mal de crâne et au vertige des idées. Une sombre nuit d'insomnie, il commença à écrire. « L'Oubli de Gaston ». Il dressa un vaste univers de personnages, certains grincheux, d'autres introvertis, mais en majorité absurdes. Il entremêla une infinité de sophismes, mais découvrit que certaines fictions sont réelles. Il suffit de se laisser glisser sur le fil, disait-il, et d'essayer de ne pas interférer avec l'histoire, juste la sensibilité pour que la trame puisse être, ce qu'elle est, disait-il, pendant qu'il écrivait en respectant les situations et en alimentant sa réputation de dément. Il décida de ne pas faire d'études de lettres, et fut diplômé d'architecture. Il travailla comme dessinateur, caissier, enseignant, aquarelliste, speaker, poseur d'antennes, commerçant. Mais il ne resta pas longtemps à chaque poste, car seuls l'intéressaient les défis, et une fois qu'il avait atteint son objectif, il lui fallait un autre challenge. Il échoua avec délice mille et une fois, avec les femmes. Il préférait les blondes, mais les brunes lui plaisaient bien. Il soupirait pour des femmes aux bons sentiments, mais il se lançait dans des histoires de sexe froid. Il ne sut jamais très bien ce qu'il cherchait. Il écrivit cent poèmes à une femme absente, une vingtaine de contes de folie, et il avait terminé d'écrire « L'Oubli de Gaston », quand il rencontra Maria. Et Juan lui dit qu'elle était le personnage féminin de son histoire, la femme qu'il cherchait depuis trente ans, et Maria le crut, je te crois Juan, parce que je te reconnais, je t'ai retrouvé.

Il existe toujours de par le monde, une personne qui en attend une autre. Et quand ces personnes se croisent, et que leurs yeux se trouvent, tout le passé et tout le futur perdent toute importance. Et seuls existent ce moment et cette certitude incroyable que toutes les choses sous le soleil furent écrites par la même main » - Paulo Coelho -

MARIELA DE MON ÂME

La Fraternité de l'Âme, ou simplement Étincelles Stellaires de même vibration. Famille énergétique sillonnant le Temps...

14 Avril 2014

Mariela attend son tour dans la file d'attente d'une banque, et l'attention de Juan est attirée par la façon qu'elle a de gérer un désaccord avec un employé de la banque. Plus qu'attirer son attention, cela lui plait, parce que Juan a l'oeil habitué à la noblesse de l'âme, et dans cet échange de points de vue entre l'employé qui décline toute responsabilité pour la panne du système informatique et Mariela, apparait une certaine tempérance propre à ceux qui ont fait un travail sur eux-même, ou sont nés sous la bonne étoile de la grâce. Et c'est ainsi que Mariela, avec la lumière issue de son étoile, contrôle la situation avec élégance et autorité, et Juan, en plaisantant, l'invite à prendre un café en attendant que le problème de panne du système soit résolu, parce que ces choses ont tendances à prendre beaucoup de temps, dit-il, oui, ok, allons prendre un café et fumer une cigarette, ok, dans le café d'en face. Pendant ce premier café, Juan ne parle presque pas. Il se contente d'écouter Mariela qui lui raconte qu'elle est méfiante, que si elle croit en quelque chose de supérieur, elle n'est pas religieuse, c'est-à-dire qu'elle ne va pas à la messe et ne fait partie d'aucune église, et entre autres choses, qu'elle n'a jamais été amoureuse, jamais, affirme-t-elle, plus par fierté que résignation, malgré le fait qu'elle ait été mariée pendant seize ans. Mariela a trois enfants et vit séparée depuis quatre mois. Quand ils se quittent, Juan trouve étrange qu'une femme si belle n'ait pas connu l'amour, et Mariela lui dit que la prochaine fois, s'il y en a une, ce sera ton tour Juan, parce qu'aujourd'hui j'ai été la seule à parler, tu a l'air d'être un homme qui parle peu.

14 avril 2014, 18h31 - Mariela: *Bon, Juan, voyons... Je crois que lorsque deux personnes se rencontrent, on se rend compte tout de suite s'il se crée un lien, de quelque manière que ce soit ou pas...(pour moi, au moins c'est le cas)...Et quand je parle de lien, je parle au sens large, tu comprends?... Je veux dire, la personne te plait et c'est la première partie d'un rapprochement, une raison pour apprendre à la connaître... On se rend compte (bien que je sois méfiante) que la personne qu'on a en face de nous, qu'on connait depuis peu, est une personne bien... Regarder dans les yeux quelqu'un qu'on vient de rencontrer, c'est bien, je crois que le regard d'une personne transmet presque tout ce que contient son âme... Les regards nobles transmettent cela... Et tu me transmets cela...*

Juan et Mariela ne se revoient pas. Ces jours-là, Juan est fâché, très en colère et très triste. Il se sent de nouveau submergé par ce sentiment inexplicable et contradictoire qu'il y a quatorze ans, depuis qu'il rencontra Maria, il revient en lui de manière récurrente, parfois comme une impuissance dévastatrice, parfois comme une profonde mélancolie, des vagues du moral de Juan dans l'océan profond de l'acceptation, sur lesquelles il dut faire un travail intérieur pour se reposer, dans les profondeurs, là où les eaux connaissent à peine la lumière, dans l'attente inexplicable d'un je-ne-sais-quoi qui est le carburant de sa vie. J'ai toujours été à moitié sorcière, disait Maria à Juan quand ils se sont connus, et ils vécurent six mois dans une magie sublime, baignée dans le plus suprême sortilège de l'amour. Un amour romantique, c'est peu dire. Un amour de sorciers, n'est qu'une excentricité littéraire, mais il y a un peu de ça, si nous convenons que les sorciers sont des êtres âgés, des âmes anciennes dans le devenir cosmique, qui vie après vie, réveillent en eux le souvenir de qui ils sont réellement. Attraction irrésistible, magnétisme de feu, aimantation sexuelle, mais aussi connexion psychique et spirituelle qui n'est pas de ce monde. Maria disait qu'elle savait qu'il y avait un être spécial dans l'Univers qui lui était destiné, et elle le savait parce qu'elle était née avec cette conviction, et en plus d'une occasion, elle demanda à Juan si c'était lui. Et Juan est ému, quand Maria lui pose ces questions et ensuite il est surpris parce que sa raison semble ne pas comprendre, mais son corps et son âme savent de quoi parle Maria, et alors il lui dit, oui c'est moi et une lumière intense et différente jaillit de ses yeux, la lueur de ton regard de sorcier, lui dit Maria, et Juan frissonne et a besoin de parler de Dieu et du sacré, parce que la seule présence de Maria l'élève jusqu'aux cieux.

30 avril, 13:23 - Juan: *Bonjour Mariela, excuse-moi de ne pas t'avoir répondu plus tôt. Je ne vais pas très bien. Je te raconterais un autre jour. Bises.*

Pendant ces quatorze ans, Juan ne compris jamais le pourquoi de beaucoup de choses. Quand Maria surgit dans sa vie, Juan est marié et il a trois beaux garçons, et soudain tout ce qui lui parait établi et en ordre dans sa vie devient chaotique. Parce que la magie entre Juan et Maria a la consistance du feu qui dévore tout, et des cendres-mêmes de l'ancien, s'élève un souvenir essentiel. Mais chez l'humain, le voile karmique et les ajouts psychiques cristallisés peuvent arriver à séparer deux âmes délicieusement complémentaires, séparation qui est très cruelle pour les deux, même si c'est l'un des deux qui l'impose. Parce que Maria est un Métal des plus trempés et bien qu'en Juan il y ait du bois de bonne souche, il y a aussi de l'air et cela le rend volatil. Et quel paradoxe, l'âme de Maria a besoin autant de l'air que son corps en a besoin pour vivre, et l'air c'est Juan, seulement Juan, mais le métal en elle est prédominant et au moins en ce moment, il y a plus de rouille que d'or et elle s'éloigne de Juan et elle éloigne Juan, le punissant et se punissant, libérant lieu et place pour que le plan se révèle.

2 mai, 14:57 - Mariela: *Tu peux compter sur moi pour ce dont tu as besoin, si je peux t'aider, même si ce n'est que pour te soulager, je ne sais pas si c'est bien ou justifié que je te dise ça... Parce que nous ne nous connaissons pas..., enfin bon, si tu as besoin de quelque chose, je suis là ne serait-ce que pour t'écouter, si ça t'aide !!!*

Juan n'a pas d'autre alternative que de continuer à vivre, comme il le peut, rassemblant les morceaux, puisqu'il n'y a pas d'autre option que de se reconstruire et de se confier à Dieu, parce qu'il a deux beaux garçons qu'il aime et qui ont besoin de lui. Organiser sa vie à nouveau, son devenir professionnel, le lieu où il va vivre, et beaucoup d'autres choses; parce qu'il vient de se séparer de la mère de ses enfants, six mois, douze jours et six heures après avoir rencontré Maria, prêt à tout risquer pour cette chose inexplicable qu'il ressent. Mais Maria est dans un autre temps, et elle commence l'histoire des désaccord qui sont écrits, parce que le jour même où il s'en va,elle l'arrache de sa vie, comme elle peut et en rassemblant ses forces où elle les trouve, même auprès d'autres hommes, et je ne veux plus rien savoir de toi, dit-elle à Juan, et n'essaye pas de me parler ou de me voir parce qu'il n'y a pas de retour en arrière, et Juan se sent coupé en deux, littéralement déchiré et vide, et une solitude comme il n'en avait jamais connue prend corps en lui, et ne me cherche pas Juan, insiste Maria, et c'est comme ça et ce sera comme ça à partir de maintenant, pour les années qui viennent qui sont quatorze, que de temps en temps ils se retrouvent et s'éloignent à nouveau, car apparemment il semble que quelque chose n'est pas encore pur et propre.

11 mai, 14:57 - Mariela: *Bonjour, Juan, ?... tu vas bien ?*
17:34 - ***Mariela:*** *Bon, j'espère que tu vas bien....*

Ils se rencontrent à nouveau après quatre ans. Un jour, Juan est dans sa voiture, et à cause d'une déviation de la circulation, il doit passer devant le travail de Maria, et il la voit sur le trottoir en train de fumer une cigarette. Comme on l'a dit, Juan a beaucoup souffert à cause d'elle, et cette douleur, maintenant atténuée par le temps, est aujourd'hui un conflit intérieur, de ne pas savoir pourquoi il l'avait connue. Il se bat avec cette idée, il enrage de ne pas pouvoir l'oublier, l'extirper de lui. Il est en colère de se réveiller tous les jours et de lui parler, comme si elle était présente, et lui raconter son quotidien, bon ou mauvais, tous les jours de sa vie. Il essaye de l'oublier avec d'autres femmes, en s'investissant dans le travail, dans la routine, dans le libertinage, mais tout est vain. Maria est toujours là, elle vit en lui, et lui ne peux pas le comprendre. Et il pense à cela quand il lui écrit un message après l'avoir vue fumer devant son travail, et Maria lui répond, et ils s'écrivent beaucoup de messages, après des années sans rien savoir l'un de l'autre, et c'est incroyable que pour eux le temps ne passe pas, parce qu'ils ont toujours les mêmes intérêts, avec le naturel de l'instant présent, ils empruntent les mêmes chemins et décident des mêmes directions, et ils décident d'aller prendre une bière, un de ces soirs, et ils la prennent. Juan sent que son amour est inaltérable, malgré les quatorze ans passés, car ce qui correspond à l'essence n'a pas de durée, c'est intemporel, pense-t-il, en regardant Maria dans les yeux, qui lui demande encore une fois si c'est lui, c'est toi Juan, et Juan lui dit que oui, que c'est lui. Alors Maria lui dit qu'elle l'aime, et Juan lui parle d'un amour, étrange et si grand, qu'il ressent qu'il ne peut pas la prendre dans ses bras, car pour la prendre dans ses bras, il a besoin de quelque chose par delà lui-même, et il lui dit qu'ils sont plus que deux corps en cet instant, et il dit que quand deux âmes se regardent, elles sont enveloppées d'un halo de lumière, et Maria se sent envahie et englobée dans quelque chose de sublime, et alors Juan lui dit que cette fois, ils s'uniront pour toujours, mais Maria lui dit non, car ce qui a toujours été uni ne peut s'unir à nouveau, puisque c'est un tout et Juan se tait et l'embrasse et il lui fait l'amour pendant une nuit qui eut l'enchantement des sorciers, ou simplement l'amour de Dieu.

15 mai, 13:55 - Juan: *Bonjour Mariela, je peux t'appeler?*
14:18 - ***Mariela:*** *Oui, appelle-moi*

Mais de sombres énergies interfèrent avec une force proportionnelle à ce qui est en jeu, et ce qui paraissait accompli, se frustre et se reporte, une fois de plus car il y a encore du karma en attente. Et déboussolé par la même colère que d'habitude, Juan appelle Mariela et lui dit qu'il a besoin de parler avec elle. Et Mariela lui dit, bien sûr, qu'elle se promenait dans le centre et que, oui, ça ne lui posait aucun problème, et ils décident de se voir dans un café. Il est éteint et elle s'en aperçoit aussitôt. Elle essaye de le calmer et accepte de l'écouter autant que nécessaire, autant qu'il en ait besoin, lui dit-elle, car à peine arrivée, Juan lui dit que puisque la première fois elle lui avait dit qu'il avait l'air muet, homme peu bavard, et bien maintenant, j'ai besoin de parler, alors s'il te plait, écoute-moi. Et il lui raconte sa vie, depuis son enfance jusqu'à ce jour, pendant trois heures et demie durant lesquelles, elle est concentrée sur ce qu'elle entend, d'abord intéressée par la vie d'un inconnu, mais maintenant envahie par un sentiment de proximité avec cette personne qu'elle voit pour la deuxième fois et qui lui semble si compatible. Et pas seulement cela, il y a quelque chose dans les paroles de Juan, quelque chose qui, quand il trouve sa voie entre colère et désillusion, s'écoule comme l'eau pure et limpide d'un torrent. Parfois on dirait que tu parles d'un autre lieu, Juan, quand tu ne le fais pas dans la colère, on dirait que tu te connectes à quelque chose, et tes paroles sonnent différemment.. C'est que j'ai le don des prophètes, déclare Juan solennellement, et ils rient, ou plutôt, que je respecte trop les mots, car ils ont un pouvoir par eux-mêmes, un pouvoir que j'ai appris en écrivant, et c'est pour ça que dans mes histoires, les mots ont une vie, car ils incarnent le logos, le verbe créateur, et ils rient encore pendant que Juan raconte à Mariela « *L'Oubli de Gaston* », le roman que j'ai écrit et qui est un condensé d'énergie, un dispositif énergétique prêt à exploser dans le lecteur idoine. Quel bon concept, lui dit Mariela, tu vois, j'aime l'idée qu'il y a un lecteur idoine, et ils se remettent à rire, et déjà Juan est plus calme, soulagé, et ils continuent à parler, mais maintenant d'eux, de leurs goûts, de leurs croyances, et pour finir de leur vie. Et ils en sont là, quand Juan dit à Mariela qu'il croit dans les pactes. Je crois dans les pactes, dit-il, en la regardant dans les yeux. Et quelque chose semble bouger en Mariela, car une brillance ou un éclair crépite dans ses yeux et c'est un éclair de lumière dans son regard maintenant perdu dans un souvenir.Et un air, un relent ou peut-être un sentiment de déjà-vu s'affiche sur le visage de Mariela, qui se jette en arrière dans un geste, comme pour mieux s'installer sur la chaise ou pour avoir accusé un coup porté à son âme. Moi aussi, je crois dans les pactes Juan, et un de ces jours je vais te raconter, mais maintenant je dois m'en aller, il est très tard, et envoie-moi ce roman dont tu m'as parlé, *L'Oubli de Gaston*, je veux le lire ce week-end où les enfants ne sont pas là et je ne travaille pas.

L'OUBLI DE GASTON ET LE PACTE

« Et il arrive alors l'incroyable, il arrive que tu te trouves entre les mains de la magie, du possible encore dans l'impossible... »
de « L'Oubli de Gaston »

de:Mariela Gonzalez <mari_g2008@hotmail.com>
pour:Juan Pedropablo <juanpedropablo@gmail.com>
Date:18 mai 2014, 5:05 pm
Sujet:RE le roman

aaaah, Juannn........ sans le vouloir ou je ne sais pas, je devais te connaitre et connaitre ton histoire...... et lire ton livre..... il m'a fait pleurer comme une bête, je te le jure, par dieu..... Je me suis sentie incroyablement identifiée avec le personnage de Gaston... il m'a fait remonter à une étape de ma vie que je croyais avoir oubliée, ironies de la vie « L'Oubli de Gaston »...... mon dieu, c'est incroyable comme les personnes se rencontrent quand elle doivent le faire, je ne sais pas si c'est la vie, le destin, ou quoi.... Mais c'est quelque chose qui m'a saisie, à peine j'avais commencé à le lire....... MAINTENANT QUE JE LE PEUX, J'AVANCE..... dit Gaston, non?... je te jure que quand j'ai lu ça, je me suis coupée en 20.... et je me suis souvenue de ce pacte dont je t'ai parlé, tu te souviens?

..... Je te raconterais cette partie de mon histoire,... histoire que je croyais oubliée, ahahaha..... gros bise......... et que te dire

de plus de ton livre, superbe histoire, elle m'a enchanté, vraiment, très belle, .. Bises !!!!!!!

19 mai, 19:55 - Mariela: *Hier j'ai terminé de lire ton livre, Juan...... J'ai répondu à ton email......Il a remué en moi quelque chose de mon histoire que je croyais avoir oublié ou bloqué.... je me suis sentie si identifiée à Gaston.... Une folie ou je ne sais quoi, mais j'ai pleuré comme une bête.... je ne pouvais arrêter de pleurer.... comme si quelque chose s'était ouvert en moi..*

11:55 - ***Mariela:*** *Comment vas-tu?*

12:03 - ***Juan:*** *Bien... mais encore triste*

12:03 - ***Juan:*** *J'essaye de me noyer dans le travail*

12:04 - ***Juan:*** *Tu vois !...*

12:04 - ***Juan:*** *Tu as vu quelle étrange histoire?*

12:18 - ***Mariela:*** *Très étrange*

19 mai, 14:14 - Mariela: *Je t'appelle plus tard, comme ça je te raconterais quelque chose qui m'est arrivé, une fois que j'ai terminé de lire ton livre... Je ne sais pas, je te jure que c'est quelque chose que je n'imaginais pas retrouver... C'est à ne pas y croire.... J'ai même eu un peu peur... Parce que ce fut quelque chose que je n'attendais pas et qui est arrivé...*

15:16 - ***Juan:*** *Oui?*

15:16 - ***Mariela:*** *Oui...tu ne peux pas savoir...*

15:17 - ***Mariela:*** *Ce fut une sensation très étrange que j'ai ressenti*

... Il y a de nombreuses années de cela, Mariela travaille dans un commerce de vente en gros de lingerie et le téléphone sonne. Indifférente, dans la routine quotidienne, elle répond, juste quand une mite la volète devant ses yeux et se pose sur son épaule gauche. Bonjour, Gustavo est là, à l'autre bout du fil, on demande à parler au patron de Mariela, non, non il n'est pas là, et tu ne sais pas s'il va revenir, lui demande-t-on, mais déjà une autre question résonne au plus profond de son âme, et l'attention de Mariela voyage, presque au ralenti du bureau du patron jusqu'à la mite qui maintenant tourne autour du luminaire dans une spirale frénétique. Son être s'arrête sur cette voix grave qui semble hors du temps. Non, pas la moindre idée de l'heure à laquelle il revient, vous voulez laisser un message, propose-t-elle cordialement, mais en fait intriguée, et de l'autre côté, on lui demande comment elle s'appelle, comment t'appelles-tu. Elle répond, Mariela, presque sans s'écouter, vous avez besoin de quelque chose d'autre, oui, en vérité, j'ai besoin de tant de choses, lui dit-on de l'autre côté. Si ça ne vous embête pas, je vais raccrocher, j'ai beaucoup de travail, c'est bon, oui, dites seulement à Gustavo que José Maria a appelé, il comprendra. Et Mariela qui ne sait pas pourquoi ses jambes tremblent et son coeur s'accélère quand le timbre de cette voix devient profond, d'accord, je lui dit, José Maria, vous m'avez dit, oui José Maria, et toi Mariela, c'est ça, oui Mariela. Tu as une belle voix, et elle me semble familière, lui dit-on à l'autre bout du fil, et Mariela est troublée, monsieur, attendez, s'il vous plait, je vais raccrocher, je n'ai pas de temps pour des sottises, je laisse le message à Gustavo quand il arrive, et bonne journée. Mais elle ne raccroche pas, elle ne peut pas raccrocher, et elle reste à écouter, et il se produit un silence qui est entre regarder autour d'elle et reconnaitre que oui, elle est là, à son travail, car pour un instant elle a senti qu'elle était ailleurs, peut-être dans les limbes du temps indéterminé, et de là elle revient et se met en colère contre elle-même, parce qu'elle ne sait pas ce qui se passe. Et submergée par une émotion très étrange, par cette voix qui atteint son âme et provoque en elle arythmie et tremblement des jambes, elle se met en colère et raccroche le téléphone, et elle va aux toilettes, pour se rafraichir avec de l'eau froide.

***19 mai, 16:37 - Mariela:** Il y a longtemps, vers mes vingt et quelques années... Je rencontrais une personne de 16 ans plus âgée que moi, il avait 42 ans à ce moment-là... Ce fut quelque chose de magique, quand je le vis pour la première fois, ... il était en couple mais sans enfants et j'étais sur le point de me marier, nous eûmes plusieurs rencontres en cachette, nous ressentions à chaque fois quelque chose de difficile à expliquer...comblés quand nous étions ensemble, mais en même temps nous ressentions de la douleur car nous savions qu'au delà de tout, notre histoire ne pourrait pas durer... Et nous fîmes un pacte......*

*16:38 - **Mariela:** La dernière fois que nous nous vîmes, nous avons pacté que nous serions unis l'un à l'autre pour toujours, au-delà de la séparation physique...et comme pour moi ce fut douloureux, à ce moment-là, je bloquais tous les sentiments qui affluaient, et je me mariais, Juan, bien qu'il m'ait demandé de ne pas le faire, c'était une époque de merde où les putains de principes empêchaient tant de choses,...*

*16:38 - **Mariela:** Bon, c'est pour ça que je t'ai dit que je n'avais jamais été amoureuse... Mais en réalité, oui je l'ai été..., L'histoire est beaucoup plus longue, je te la raconterais mieux plus tard, et ma vie, en réalité, s'est déroulée comme les autres le voulaient, pas moi..., et je me suis mariée, j'ai eu des enfants et bla bla bla.... Et hier, quand j'ai fini de lire ton livre, j'étais si émue, tellement que j'ai ressenti quelque chose d'étrange en moi, quelque chose qui me disait que je devais faire quelque chose pour moi... Mais je ne l'ai pas fait... J'ai continué à pleurer et à me remémorer ce pacte qui, d'une certaine façon, est resté au fond de mon coeur et dont je me suis souvenu avec ton livre, bon, en réalité j'en avais parlé l'autre jour, tu te souviens?*

*16:38 - **Mariela;** Et hier, après avoir lu ton livre, il est arrivé quelque chose, Juan... soudain, un mail est arrivé, d'une personne inconnue de moi à ce moment-là, me disant... « bonjour, ma petite* *grande femme »... ‘c’est ainsi qu’il m’appelait toujours)... « Je continue à me souvenir de toi, depuis ce pacte physique que nous fîmes, notre amour fut et sera éternel, malgré l’éloignement physique, mais pas de l’âme, pour toujours et dans l’éternité avec toi »... Juan, mon coeur s’est emballé de telle façon que j’ai cru mourir... Je ne lui ai pas encore répondu... Je ne sais pas quoi faire, il a éveiller mon âme, mon coeur, je te jure que je ne sais pas quoi faire...*

*16:46 - **Mariela:** Trop intense, Juan... Je suis dépassée... Je ne sais pas quoi faire*

*16:46 - **Juan:** Tu sais*

*16:47 - **Juan:** Il ya quelque chose, là*

*16:48 - **Mariela:** Ouiiii... Il y a quelque chose de très fort*

*16:58 - **Mariela:** Je ne peux pas arrêter de pleurer... Je crois que ça faisait des années que je n’avais pas pleuré comme ça... Je crois que la dernière fois que j’ai pleuré, ce fut lors de ce pacte:(*

*16:59 - **Juan:** Répond à son email*

***19 mai, 19:21 - Mariela:** Je t’avais envoyé par mail celui qu’il m’a envoyé pour que tu le lises et je viens de t’envoyer ma réponse à son mail... lis-les... J’ai besoin que tu me dises quelque choooose....*

*19:21 - **Mariela:** Je treeeemble encore*

*19:21 - **Mariela:** J’ai l’air d’une folle, Juan, ahaha*

de:Mariela Gonzales <mari_g2008@hotmail.com>

pour:Juan Pedropablo <juanpedropablo@gmail.com>

date:19 mai 2014, 7:10 p. m.

sujet:RE: le roman

Voici le mail qu’il m’ a envoyé...... je te l’envoie pour que tu lises bien ce qu’il m’a écrit....... Je ne peux paaaaaaas arrêter de trembleeeeer, Juan, j’ai l’air d’une folle, je te jure..... mon Dieu

Bises.......

MA PETITE GRANDE FEMME:

Je continue à me souvenir de toi depuis ce pacte physique que nous fîmes .notre amour fut et sera éternel, malgré l'éloignement physique, mais pas de l'âme, pour toujours et dans l'éternité avec toi.

Cdlt: José Maria.....

JE VIENS DE LUI ENVOYER ÇA, JUAN.......JE SUIS TRÈS NERVEUSE, DIS-MOI QUELQUE CHOSE, JE CONTINUE À TREMBLEEEEER.......ET MAINTENANT QUE JE LUI AI ENVOYÉ, JE ME SENS ENCORE PLUS MAL, JE NE PEUX PAS ME CONTRÔLER.......

José Maria.......tu m'as laissée sans voix quand j'ai reçu ce courrier,...... bien que pendant tant d'années j'ai essayé de ne pas me souvenir de toi, je t'ai toujours gardé au plus profond de mon coeur....... notre histoire fut magique....si magique que nos âmes sont toujours restées unies malgré la distance, cela nous le savons seulement toi et moi......Je me souviens de toi avec beaucoup d'amour....je voudrais savoir comment tu vas?... en quel endroit du monde tu te trouves? tes paroles de ce jour-là, je m'en souviens toujours...... j'espère que le destin nous réunira à nouveau, au moins pour donner quelques réponses aux pourquoi de tant d'années........ je t'envoie une étreinte pour ton âme comme nous avions l'habitude de nous dire......

Cdlt: Mariela.....

19 mai, 19:45 - Juan: *Je l'ai lu*

19:45- ***Juan:*** *J'ai ouvert ton coeur, Mariela*

19:46 - ***Juan:*** *J'ai l'impression que ta vie va bouger*

19:53 - ***Mariela:*** *Ahhh, Juan, qu'est-ce qu'il se passe*

*19:54 - **Mariela:** Je pressens quelque chose d'étrange, mais je ne sais pas si c'est bon ou mauvais*

*20:08 - **Juan:** C'est bon, Mariela et grand*

*20:08 - **Juan:** Ça me réconforte*

***19 mai 2013, 20:23 - Mariela:** Nooon, Juan.... il vient de répondre à mon mail.... Il est en train de mourir, Juan, il est en train de mourir et je ne peux pas le voir.... Je ressens en ce moment une grande douleur, une immense douleur, je pleure, je pleure, j'ai mal à l'âme, Juan, mon âme me fait très mal*

*20:23 - **Mariela:** Je vais te transférer le mail pour que tu le lises*

*20:24 - **Mariela:** Ça me dépasse, Juan, ça me dépasse*

*20:27 - **Juan:** Mariiiiii*

*20:27 - **Juan:** Je ne peux pa y croire*

*20:28 - **Juan:** Envoie-moi le mail*

*20:28 - **Mariela:** Je te le renvoie par mail, Juan*

*20:29 - **Mariela:** Je te jure Juan que la douleur que je ressens est déchirante, je ne peux pas arrêter de pleurer*

de:Mariela González <mari_g2008@hotmail.com>

pour:Juan Pedropablo <juanpedropablo@gmail.com>

date:19 mai 2014, 8:28 p. m.

sujet:RE: le roman

VOILÀ CE QU'IL VIENT DE ME RÉPONDRE ÂR MAIL, JUAN :(((((... MA DOULEUR EST MÊME DÉCHIRANTE.....

Que c'est merveilleux de recevoir une réponse, ma petite grande femme, mon amour éternel, je suis ému d'avoir de tes nouvelles..., toi et moi savons ce qu'il s'est passé entre nous et combien notre amour fut magique, éternel, aujourd'hui je me trouve très loin dans le lieu où nous avions rêvé d'être, l'Inde, (tu te souviens? C'était notre rêve)... J'y suis allé quelques mois après ton mariage et je n'en suis jamais revenu, ... J'étais allé te voir en cachette à l'église, derrière un grand arbre pour éviter

que tu me vois, tu étais si resplendissante et belle comme ton coeur, mais tes yeux, ces yeux marrons si profonds, quand je t'ai regardée de loin, parlaient de la tristesse qui te submergeait à ce moment-là, et alors j'ai su que nos âmes allaient rester unies pour toujours, parce que ce Pacte fut Éternel pour nous, et mon amour était si grand que je t'ai laissée aller, comme je donnerais ma dernière minute de vie, aujourd'hui, pour être près de toi, ...J'ai toujours respecté et nous avons respecté notre pacte, et si je t'ai écrit après presque 16 ans, c'est parce qu'avant de quitter ce monde je voulais que tu saches que je t'ai toujours aimée et que je t'aime et que je vais t'aimer au-delà de ce qui est éternel, aujourd'hui, je suis un peu vieux et malade, mon temps est compté et c'est pourquoi je t'écris, à cause de mon amour pour toi, je ne souhaite pas que nous nous rencontrions physiquement, d'ailleurs ce serait presqu'impossible, mais je veux que tu saches que nous allons nous retrouver dans l'autre vie, qui existe bien, et nous allons être unis pour toujours, que nous soyons ou non dans ce monde, physiquement, ...j'aurais souhaité de toute mon âme pouvoir te revoir, et que nos âmes s'enlacent, mais il me suffit de savoir ce que j'ai toujours su du lien magique qu'il y avait et qu'il y a toujours entre nous, une autre étreinte à ton âme pour toujours, ma petite grande femme, JE T'AIME et mon coeur et mon âme ont toujours été à toi, et le resteront pour toute l'éternité............................

Cdlt: José Maria.....

20 mai, 8:17 - Mariela: *Aaaah, Juan... J'ai rêvé de lui... je l'ai vu... Je l'ai touché... J'ai senti son étreinte, qu'il était avec moi, nous nous sommes regardés, nous nous sommes retrouvés, c'est ce que j'ai senti Juan..... et lui me disait......... « ma petite grande femme, maintenant je peux quitter ce monde, c'est ce dont nous avions besoin, le lien magique avec notre amour éternel qui sera toujours à* *nous et il en sera ainsi pour l'éternité » et j'ai ressenti à ce moment-là, la tranquillité et quelque chose à l'intérieur de moi, comme une grande paix, comme je le sentais quand nous étions ensemble et cette sensation de plénitude, de magie, de quelque chose de très rare, qui ne peux être comparé à riiiien .... Et je me suis réveillée, putain...... c'était si réel, si réel, Juan, mon dieu... et maintenant je sens que mon coeur va éclater tellement il bat fort et j'ai de nouveau commencé à trembler......Qu'est-ce que c'est que ça, Juan???????????????? S'il te plait, je suis dépassée.............*

9:50 - ***Juan:*** *C'est cela... un lien magique, au delà du temps*

20 mai, 11:24 - Juan: *Comment vas-tu ?*

11:25 - ***Mariela:*** *Je vais, mon ami, je vais... Je respire... donc je crois que je vais bien.....*

11:25 - ***Mariela:*** *Toi, comment vas-tu?*

11:26 - ***Juan:*** *Bien... je travaille*

11:26 - ***Juan:*** *Tu sais quoi ??*

11:27 - ***Juan:*** *Lui aussi a du rêver de toi*

11:27 - ***Juan:*** *il a du faire le même rêve*

11:28 - ***Mariela:*** *Je suis contente que tu ailles bien :))) ....*

11:28 - ***Mariela:*** *Moi, je suis sortie comme j'ai pu, ce matin, si je reste je sens que j'étouffe et c'est pire...*

20 mai, 12:34 - Mariela: *Juannnnnnnn*

12:34 - ***Mariela:*** *Je suis sous le choc*

12:34 - ***Mariela:*** *Je ne peux même pas parler*

12:35 - ***Mariela:*** *Je ne trouve pas mes mots*

12:35 - ***Mariela:*** *J'ai reçu un mail il y a 20 minutes*

12:36 - ***Mariela:*** *Il est partiiii, Juannnn, il est parti*

12:36 - ***Mariela:*** *Le mail n'est pas de lui*

12:36 - ***Mariela:*** *Mais il était de sa part*

12:36 - ***Mariela:*** *Une personne de ses amis me l'a envoyé*

12:36 - ***Mariela:*** *Je ne peuuuuux pas, je suis plus que dépasséééé*

*12:37 - **Mariela:** Je le lis, je le lis et je ne peux m'arrêter de pleurer et je sens que mon coeur se déchire de douleur*

*12:37 - **Mariela:** Juannnn que m'arrive-t-il, mon dieuuuuu...*

*12:37 - **Mariela:** Je te le renvoie sur ton mail*

*12:37 - **Mariela:** Lis-le, s'il te plait, j'ai besoin que tu me dises ce qu'il s'est passé pendant ses trois putain de jours de ma vie...*

*12:40 - **Mariela:** Je me sens paralyséééééé, Juan*

*12:42 - **Juan:** Du calme Mari... respire profondément... fais ce que tu peux*

*12:43 - **Mariela:** Je ne peux pas, Juan, je ne peux pas... Je suis bloquée, tu comprends? Je ne peux pas..... je sens que je meurs de douleur, Juan, je ne peuuuux pas...*

*12:46 - **Juan:** Oui Mari...*

*12:46 - **Juan:** Je te comprends*

*12:48 - **Mariela:** Je viens de t'envoyer le mail*

*12:49 - **Mariela:** Dis-moi quelque chose, Juan, mon dieuuuu, je sens que j'étouuuuffe.....*

*12:49 - **Juan:** Je le lis maintenant*

de:Mariela González <mari_g2008@hotmail.com>

pour:Juan Pedropablo <juanpedropablo@gmail.com>

date:20 mai 2014, 12:48 p. m.

sujet:RE: le roman

Bonjour Mariela, je vous écris d'Inde, pays merveilleux et sage où j'ai connu un grand homme, plein d'amour et de lumière, qui m'a raconté une histoire presque magique, incroyablement belle, aujourd'hui quelques heures après qu'il nous ait quitté physiquement, je me permets de vous déranger pour ne pas perdre plus de temps et que la demande de mon grand ami et la promesse que je lui ai faite d'entrer en contact avec vous soit satisfaite, le plus tôt possible. Ma chère Mariela, j'ai fait votre connaissance à travers ce que m'a raconté José Maria, il était très malade, inexplicable pour les médecins qui le

soignaient, il avait une marque dans le coeur, comme une blessure étrange, qu'ils ne pouvaient pas guérir, beaucoup de médecins le virent et je me souviens qu'il me disait, cette marque est celle d'un amour suprême, et personne ne peux la guérir ou la comprendre, seulement une personne dans tout l'univers. Incompréhensible pour moi, jusqu'à ce qu'il passe ce qu'il s'est passé... Un amour merveilleux et pur de lui pour vous, et il me demanda de vous écrire pour que vous sachiez qu'il va vous attendre dans l'éternité de son âme. Impensable pour moi de croire à des choses comme ça, mais avec lui et ses croyances sur l'éternité et cette femme dont il parlait tant à chaque fois que nous nous voyions, il m'amena croire que l'éternité existe, que l'amour suprême existe, et cette femme c'était vous, Mariela. Pardonnez-moi si tout ça vous parait un égarement, mais j'avais besoin de vous écrire et de vous raconter que mon ami José Maria, dont je regrette la perte, vous a aimée comme je crois qu'il n'y a pas d'autre amour dans le monde, et moi, j'avais personnellement besoin de vous contacter pour vous faire savoir ce qu'il m'avait dit, je devais vous le communiquer par n'importe quel moyen. Je vais vous envoyer ce qu'il a écrit pour vous, c'est à n'y pas croire, je suis encore surpris et et j'ai même du mal à croire que tout ceci est arrivé, mais croyez-moi, Mariela, c'est ainsi que ça s'est passé...Mes plus cordiales salutations à vous.

Cdlt: Juan Pablo.

Ceci est pour vous, ma chère Mariela, mon grand ami José Maria l'a laissé par écrit:

TA VOIX, TON ÂME, TON COEUR...

ma petite grande femme...

Nos âmes sont issues d'une Essence Commune... Nous fûmes unis avant la conception humaine, et nous allons rester unis dans l'éternité, car nous sommes nés pour que nos âmes s'unissent dans le Lien Sacré que nous avons, et je l'ai su le jour où j'ai écouté ta voix...notre connexion fut et sera

magique, éternelle et sacrée, et ton étreinte dans ce rêve suprême m'apporta les réponses dont j'avais besoin, avec la certitude que nos âmes vont rester unies pour toujours, je t'attends dans le Sacré de l'Éternel et je continuerais de t'aimer pour l'éternité.

Cdlt: José María...

20 mai, 12:56 - Juan: *Mariela*

12:56 - ***Mariela:*** *Quoi Juan...*

12:56 - ***Juan:*** *je suis submergé par les larmes, tout ça est très intense*

12:57 - ***Mariela:*** *Je ne peux pas, Juan, je me sens pourrir*

12:57 - ***Juan:*** *Je ne peux pas m'arrêter de pleurer, je suis un ami qui ne comprend rien, en ce moment*

12:57 - ***Mariela:*** *À cause de la douleur*

12:57 - ***Juan:*** *Attend*

12:57 - ***Mariela:*** *Je ne comprends pas, Juannn, que m'est-il arrivé pendant ces trois jours de ma vie*

12:58 - ***Mariela:*** *Je ne peux pas respirer, je manque d'air, j'étouffe*

12:58 - ***Mariela:*** *je tremble, j'ai froid, je suis gelée*

13:00 - ***Mariela:*** *J'ai perdu l'espoir de le voir, Juan, même une dernière fois*

13:00 - ***Mariela:*** *Je ne vais plus pouvoir le voir*

13:00 - ***Mariela:*** *Il est parti, il est parti, il est parti*

13:32 - ***Juan:*** *Dieu te bénisse Mariela*

13:32 - ***Juan:*** *Je n'arrive pas à récupérer*

13:42 - ***Mariela:*** *Je ne veux pas que dieu me bénisse, Juan, j'ai besoin de savoir et de comprendre ce qu'il m'est arrivé pendant ces trois jours de ma putain de viiiie... Je suis en colère, Juan, je me sens coupable..... Je ne peux pas respirer, je manque d'air, tu* *comprends????? Je sens ça me tue peu à peu de l'intérieuuuur.... Je sens un vide immense, Juan...*

*13:43 - **Mariela:** Ma vie a changé en trois jouuuuurs, Juan, merdeeeee, pourquoi est-ce arrivéééééé*

*13:47 - **Mariela:** Je ne comprends pas, Juan, je ne comprends pas, je ne sais pas quoi dire, si au moins j'avais pu le voir une dernière fois......... pourquooooiiiii?????????????????? Je ne peux pas, je sens que je ne vais pas pouvoir m'en sortir, Juan...Je ne vais pas pouvoir me relever... Je lis le mail et je suis seulement submergée de douleur et de tristesse et de colère et ce que je ressens est déchirant... oh dieu... pourquoooiii????????*

*14:15 - **Juan:** Mari*

*14:15 - **Juan:** Seul Dieu sait pourquoi....*

*14:16 - **Juan:** Tout ça est si profond*

*14:16 - **Juan:** Je ne peux pas encore m'en remettre*

*14:17 - **Mariela:** Je me sens triste, très triste, mes pleurs sont déchirants*

*14:18 - **Mariela:** Nooooon, Juan, Dieu ne peux pas être le seul à savoir cela... J'ai besoin de trouver une réponse, de soulager cette douleur ....*

*14:18 - **Mariela:** Je sens que je ne vais pas pouvoir assumer ça et que je ne vais jamais m'en remettre*

*14:19 - **Juan:** Si... tu vas pouvoir*

*14:19 - **Juan:** Parce qu'il va t'aider*

*14:19 - **Mariela:** Noooon, je sens que non, Juan*

*14:20 - **Juan:** Si*

*14:20 - **Juan:** Aies confiance en moi....*

***20 mai, 15:16 - Mariela:** Je suis profondément blessée, Juan, je me sens incapable d'exprimer ces émotions bloquées, je ressens tant de douleur que ça me brûle l'âme, je ne comprends pas, je ne peux arrêter de penser, j'ai lu ce mail plus de cinq cent fois, pour pouvoir comprendre au moins pourquoi??? Et je n'y arrive pas, Juan, j'ai besoin de soulager cette douleur, j'ai besoin d'une réponse maintenant, je ne supporte pas ce que je ressens, je sens que mon* *coeur se brise en mille morceaux, et c'est déchirant, angoissant, mes pleurs n'ont pas de fin, je ne parviens pas à comprendre pourquoi ma vie a changé en trois jours.... Qu'est-il arrivéééé???????, j'ai besoin de le savoir, Juan, mais je brûle déjà à l'intérieur et je ne peux le maitriser, je tremble et je ne peux maitriser cela non plus..... j'ai besoin que tu m'aides, s'il te plait, je sens que tu es la personne qui peut m'aider d'une façon ou d'une autre, qui me comprend, ce que je ressens..... Les mots ne me suffisent pas pour décrire la douleur....*

15:18 - ***Juan****: Mariela*

15:18 - ***Juan****: Fais-moi confiance*

15:18 - ***Juan****: C'est ça ma vie... aies confiance en moi... je suis né pour ça*

15:19 - ***Juan****: Je vais essayer de me rendre bientôt à Cordoba, comme ça on pourra se voir*

15:19 - ***Juan****: je vais être avec toi dans tout ça*

15:19 - ***Juan****: Ça fait partie de l'Esprit*

15:19 - ***Juan****: Des Essences*

15:19 - **Mariela***: Merciiii, Juan*

15:19 - ***Juan****: Ton énergie est sacrée, Mari*

15:20 - ***Juan****: Tu es protégée*

15:20 - ***Juan****: En ce moment une infinité d'énergies de lumière s'occupent de toi et te protègent*

15:21 - ***Juan****: Et ton complément essentiel qui maintenant est à la source... te caresse...*

15:21 - **Mariela***: Ahhh, Juannnn, la seule chose que je ressens c'est la douleur et je n'arrive pas à la soulager*

15:22 - **Mariela***: Je vais aller courir avec ma fille, maintenant... J'ai besoin de sortir et de respirer un peu... J'étouffe*

15:22 - **Mariela***: On parle plus tard*

15:23 - ***Juan****: Oui... Ça va te faire du bien...ok*

15:23 - **Mariela***: Merciiii*

15:23 - **Mariela***: Bises*

20 mai, 18:50 - Juan: *Tu es là?*

18:53 - **Mariela***: Oui, je suis là*

18:54 - ***Juan****: Comment vas-tu?*

18:54 - ***Mariela:*** *Je ne sais pas comment je vais... Je respire, Juan.... Au moins, j'ai arrêté de pleurer*

18:56 - ***Mariela:*** *Et toi comment vas-tu?*

18:56 - ***Juan****: Plus calme*

18:56 - ***Juan****: Mais tout a été si intense*

18:56 - ***Mariela:*** *Bon, tant mieuuuuux*

18:56 - ***Mariela:*** *Je dois te dire quelque chose*

18:57 - ***Mariela:*** *Enfin, plutôt te demander*

18:57 - ***Mariela:*** *Je sens que je dois te demander pardonnnn*

18:57 - ***Juan****: Pardon pourquoi, Mariii?*

18:57 - ***Mariela:*** *Parce que je suis arrivé dans ta vie à un moment assez compliqué pour toi*

18:58 - ***Juan****: Nooooon*

18:58 - ***Mariela:*** *Et maintenant je te mêle à tout ça...*

18:59 - ***Juan****: Je crois que tu ne comprends pas, Mariela, tout ça n'est pas une coïncidence...*

18:59 - ***Juan****: Ce n'est pas une coïncidence!!!*

19:00 - ***Juan****: Il y a un signe énorme dans tout ça...*

19:00 - ***Juan****: Plus grand que je n'aurais jamais pu imaginer...*

19:01 - ***Juan****: Donc je te suis seulement reconnaissant...*

19:01 - ***Mariela:*** *J'ai besoin d'une réponse, Juan et je la cherche et je ne la trouve pas...*

19:02 - ***Juan****: Calme-toi*

19:03 - ***Mariela:*** *On peux garder son calme, Juan, avec tout ça...Un calme et une paix que j'ai perdus en trois jours de ma vie et je ne parviens pas à comprendre ?????????*

19:04 - ***Mariela:*** *Je croyais avoir trouvé la paix intérieure que j'avais tant cherchée...*

19:04 - ***Mariela:*** *Et soudain, ma vie a changé...*

19:05 - ***Juan****: Le temps va t'apporter la paix*

19:13 - ***Juan****: Calme-toi*

19:13 - ***Mariela:*** *Je crois que nous sommes connectés à quelque chose toi et moi.... Quelque chose d'étrange, je ne sais pas quoi,*

Juan... Le destin, l'univers, quelque chose nous a fait nous rencontrer et aujourd'hui, toi... et moi vivons la même chose........

19:14 - **Mariela:** *Pour moi tout ça est une foliiiiiie... Je devais te rencontrer, connaitre ton histoire et lire ton livre, Juan*

19:14 - **Juan:** *Oui, une vraie folie*

19:15 - **Mariela:** *J'étais une personne méfiante de ce que la vie m'avait toujours donné et regarde-moi maintenant, Juan... Je sens que ma vie se déchire de douleur*

19:18 - **Juan:** *Je te regarde, Marii... et je te comprends*

19:19 - **Mariela:** *Je sais Juan, je sais..... Je sais que tu me comprends.....*

20 mai, 20:06 - Mariela: *Juannnnnnnnn, maintenant c'est trooooop*

20:07 - **Mariela:** *Je viens de recevoir un whatsapp d'une de mes amies qui vit en Indonésie, elle s'est mariée l'année dernière avec un garçon suisse qui était venu faire un master d'agronomie, ici à Cordoba...*

20:07 - **Mariela:** *et ils étaient partis là-bas pour le travail et je savais qu'à cette époque, elle attendait un bébé, c'est Lorenzo, son mari qui me l'a envoyé, elle a eu un garçon et tu sais comment ils l(ont appelé ?????..... José Maria ......*

20:07 - **Mariela:** *........ j'ai besoin de savoir ce qu'il se passe dans ma vie, Juan..... Encore une fois je suis submergée par les pleurs.........*

20:09 - **Mariela:** *Il est nééééé, hier soir, Juan, hier soir*

20:14 - **Juan:** *Calme-toi, Mari...*

20:15 - **Mariela:** *Pourquoi se passe-t'il tout ça, Juan....??*

20:17 - **Juan:** *Essaye de rester le plus calme possible...*

20:17 - **Juan:** *Dieu te protège...*

20:18 - **Mariela:** *Ahhh, Juan, j'ai besoin de comprendre, pas qu'il me protège.....*

20:19 - **Juan:** *L'esprit des Essences Uniques est en train de se manifester à travers toi*

20:19 - **Juan:** *C'est quelque chose de très grand...*

21 mai, 9:16 - Juan: *Mari, tout va bien?*

9:50 - ***Mariela:*** *Nooon.. je me sens mal, très mal, vraiment, je ne supporte pas la douleur, Juan, j'ai mal même quand je respire..... Je ne vais pas y arriver, Juan.....*

9:51 - ***Juan:*** *Mari*

9:51 - ***Juan:*** *Si tu vas y arriver*

9:51 - ***Juan:*** *tout ça n'est pas une coïncidence*

9:51 - ***Juan:*** *Tout a un sens*

9:52 - ***Juan:*** *Dans tout ce qui est arrivé, il y a quelque chose de Sacré et de très grand*

9:52 - ***Mariela:*** *Je veux et j'ai besoin de comprendre....*

9:52 - ***Mariela:*** *La douleur est en train de tuer mon âme*

9:52 - ***Juan:*** *Il y a un sens à tout*

9:52 - ***Mariela:*** *Je sais que ces choses ne sont pas des coïncidences...*

9:54 - ***Juan:*** *On ne va pas tarder à se voir et nous en parlerons...*

9:54 - ***Mariela:*** *J'ai besoin de comprendre, au moins un peu, Juan... J'ai besoin de soulager la douleuuuur....*

9:54 - ***Juan:*** *Je sais...*

9:54 - ***Juan:*** *Comprends ça*

9:54 - ***Juan:*** *Toi et lui, José Maria... n'êtes pas deux...*

9:54 - ***Juan:*** *Vous êtes Un, en réalité...*

9:55 - ***Juan:*** *Une seule essence*

9:55 - ***Juan:*** *Qui dans cette dimension ce sont dédoublés*

9:55 - ***Juan:*** *Pour vivre... pour vivre la vie... ou ce qu'il s'est passé...*

9:55 - ***Juan:*** *C'est une très très grande leçon...*

9:56 - ***Juan:*** *C'est que que vous avez décidé, toi et lui, avant de vous incarner*

9:56 - ***Mariela:*** *Ahhhh, Juan, mon dieuuuu*

9:56 - ***Juan:*** *Quand tu te désincarneras, mari, tu vas retourner à lui.....*

9:56 - ***Mariela:*** *Mais pourquoi maintenaaaant ????*

9:56 - ***Juan:*** *Et lui... pendant ton temps sur la terre, il va te guider*

9:56 - ***Juan:*** *Je ne sais pas pourquoi maintenant*

9:57 - ***Juan:*** *Tout arrive au bon moment*

9:57 - ***Juan:*** *Par exemple, Mari*

9:57 - ***Mariela:*** *Ouiii, mais comprends que pour moi, tout ça c'est trop..*

9:57 - ***Juan:*** *Je sais que je dois écrire ça*

9:57 - ***Juan:*** *Je te comprends, Mari...*

9:58 - ***Juan:*** *Je te comprends à cent pour cent....*

9:58 - ***Juan:*** *Je sais ce que l'on ressent dans ces circonstances...*

9:58 - ***Juan:*** *Je te disais....*

9:59 - ***Mariela:*** *Aaaah, Juan....*

9:59 - ***Juan:*** *Que si tu m'y autorises, je vais écrire tout ça...*

9:59 - ***Juan:*** *C'est une véritable histoire d'Âmes Jumelles*

9:59 - ***Juan:*** *L'Oubli de Gaston fut seulement le détonateur...... le préambule.....*

9:59 - ***Juan:*** *Et je veux te dire*

9:59 - ***Mariela:*** *Oui... bien sûr que je t'autorise...*

10:00 - ***Mariela:*** *Maintenant je comprends pourquoi je me suis identifiée à Gaston et pas à Valeria...*

10:01 - ***Mariela:*** *Oui, dis-moi...*

10:02 - ***Juan:*** *Ton être est ancien*

10:02 - ***Juan:*** *Éernel..*

10:02 - ***Juan:***.. *Comme celui de José Maria....*

10:02 - ***Juan:*** *Il arrive un temps où tu vas devoir t'éveiller à cela...*

10:02 - ***Juan:*** *Et ton autre moitié, José Maria, va t'aider*

10:03 - ***Juan:*** *Parce qu'il y a une mission...*

10:03 - ***Juan:*** *Regarde...*

10:03 - ***Juan:*** *Ce fut une révélation*

10:03 - ***Mariela:*** *Juan, je ne peux pas arrêter de pleurer, ça fait trois jours que je tremble....*

10:03 - ***Juan:*** *Les Âmes Jumelles, les Êtres Polaires ou quelque soit la façon de les appeler...*

10:04 - ***Juan:*** *Sont une réalité divine...*

10:04 - ***Mariela:*** *Et quelle est la mission ????*
10:04 - ***Juan:*** *On a beaucoup parlé de ça et on en parle encore...*
10:04 - ***Juan:*** *Et tout est très embrouillé...*
10:05 - ***Juan:*** *La mission est de mettre cela en lumière...*
10:05 - ***Juan:*** *LA RÉALITÉ SACRÉE DES ESSENCES UNIQUES*
10:05 - ***Mariela:*** *Ahhh, Juan, pourquoi moi?????*
10:06 - ***Mariela:*** *Je comprends ce que tu me dis*
10:06 - ***Mariela:*** *Mais ce n'est pas facile d'arriver à gérer un peu pour comprendre ce que je ressens...*
10:06 - ***Juan:*** *Pourquoi pas toi??*
10:07 - ***Juan:*** *Mari*
10:07 - ***Juan:*** *C'est le mal de notre époque... « gérer »....*
10:07 - ***Juan:*** *Arrêtons de tout gérer*
10:07 - ***Juan:*** *La seule réalité c'est ce qui s'est exprimé...*
10:07 - ***Juan:*** *Et c'est magique*
10:07 - ***Mariela:*** *Juannn*
10:07 - ***Juan:*** *À partir de maintenant, tu vas devoir vivre dans l'auto-confiance en la magie, Mariela...*
10:08 - ***Mariela:*** *J'ai besoin de comprendre au-delà de tout cela, je sens qu'avec ça je peux soulager ma douleur...*
10:09 - ***Juan:*** *Le temps va t'apporter des réponses...*
10:09 - ***Mariela:*** *Je me sens paralysée*
10:09 - ***Juan:*** *Il en apporte toujours...*
10:09 - ***Juan:*** *C'est de cela qu'il s'agit, dorénavant*
10:09 - ***Juan:*** *Tu sais quoi faire, Mari ...*
10:10 - ***Mariela:*** *J'ai la tête brûlée, Juan, je ne peux pas arrêter de pleurer et de penser,,,,*
10:10 - ***Juan:*** *Je sais*
10:11 - ***Mariela:*** *Il me vient à l'esprit tant de choses vécues avec lui...*
10:11 - ***Mariela:*** *Mooon dieuuu*
10:11 - ***Juan:*** *Tu as dormi la nuit dernière?*
10:11 - ***Mariela:*** *Des Moments Sacrés*

*10:11 - **Juan**: Des Moments Sacrés*

*10:11 - **Mariela**: Noon, ça fait deux nuits que je ne dors pas*

*10:11 - **Juan**: C'est toi qui l'a dit...*

*10:11 - **Juan**: Et la nuit du rêve ??*

*10:11 - **Mariela**: J'ai répondu à Juan Pablo, hier soir*

*10:12 - **Juan**: Ok*

*10:13 - **Mariela**: Cette nuit-là, j'ai dormi par intervalles, Juan ......*

*10:13 - **Mariela**: Et après le rêve, je n'ai plus dormi*

*10:13 - **Juan**: Dans le poème qu'il t'a laissé, il parle du rêve que vous avez eu ensemble...*

*10:13 - **Juan**: Et de l'étreinte...*

*10:14 - **Mariela**: Ouiiiii, cela m'a tuée, Juan, cela m'a tuée...*

*10:14 - **Mariela**: Ce fut si réel, si réel..*

*10:14 - **Juan**: Et tu lui as donné les réponses dont il avait besoin...*

*10:14 - **Juan**: Et ce fut aussi une réponse pour moi, Mariela...*

*10:14 - **Mariela**: Je croyais même être avec moi et après je me suis réveillée avec une grande angoisse....*

*10:15 - **Juan**: Tu étais avec lui, Mari...*

*10:15 - **Juan**: Ces choses existent...*

*10:15 - **Juan**: Et il est très probable que tu continues à le voir en rêve...*

*10:15 - **Mariela**: Ce fut un rêve, Juan.....???*

*10:15 - **Juan**: Tu vas retourner à lui, mari....*

*10:15 - **Juan**: Tu viens de lui...*

*10:16 - **Juan**: Vous êtes UN*

*10:16 - **Juan**: Ils ont l'éternité pour être ensemble...*

*10:16 - **Mariela**: Tout ça est trop pour moi, Juan....*

*10:17 - **Juan**: Les êtres, en plus d'exister dans cette dimension*

*10:17 - **Juan**: Existent dans d'autres...*

*10:17 - **Mariela**: Je n'aurais jamais pu imaginer que ce que j'ai vécu avec lui.... Aujourd'hui soit présent en moi de nouveau...*

10:17 - ***Juan:*** *Ton rêve fut seulement l'image de cette rencontre Réelle que vous avez eu dans une autre dimension...*

10:18 - ***Mariela:*** *Tu comprends que je l'ai bloqué de telle façon que je ne m'en suis plus souvenue de lui à partir de ce pacte ???*

10:18 - ***Mariela:*** *Et maintenant cela ?????????*

10:18 - ***Juan:*** *Une partie de ce que tu fais maintenant est d'ouvrir ton regard interne à tout cela...*

10:18 - ***Mariela:*** *Mon âaaaame me fais mal, Juan, tout cela me brûle*

10:19 - ***Juan:*** *Oui... je comprends*

10:19 - ***Juan:*** *Et je le comprends parce que Maria a peut-être fait la même chose avec moi...*

10:19 - ***Juan:*** *Et là, tu vas devoir m'aider*

10:20 - ***Mariela:*** *Bien sûr que je vais t'aider...*

10:20 - ***Juan:*** *Je sais...*

10:21 - ***Juan:*** *Maintenant, reste calme... le plus calme possible...*

10:21 - ***Mariela:*** *je ne peux pas rester calme...*

10:22 - ***Juan:*** *Mari... ceci est une claire manifestation de l'Esprit*

10:22 - ***Juan:*** *J'ai vécu sa présence sacrée...*

10:22 - ***Juan:*** *Il n'y a rien d'autre à faire*

10:23 - ***Mariela:*** *Je veux comprendreeee, Juan, j'ai seulement besoin de ça... comprendre.....*

10:23 - ***Juan:*** *Tu vas comprendre*

10:23 - ***Juan:*** *Mais maintenant ne lutte pas contre ça*

10:24 - ***Juan:*** *J'ai seulement vécu la présence de ce qui t'ai arrivé.... comme quelque chose de sacré... comme une oraison...*

10:24 - ***Mariela:*** *Je vais essayer*

10:24 - ***Mariela:*** *Je te le promets*

10:24 - ***Juan:*** *Tu n'as pas besoin de faire*

10:24 - ***Juan:*** *C'est quelque chose que tu dois laisser faire*

10:24 - ***Juan:*** *Donne-toi...*

10:25 - ***Juan:*** *José María et l'Univers prennent soin de toi...*

10:26 - ***Mariela:*** *Merci pour tout, Juan, merci*

10:26 - ***Juan:*** *Merci à toi*

10:26 - ***Mariela:*** *On parle plus tard, si tu veux?*
10:26 - ***Juan:*** *Oui, d'accord*
10:27 - ***Mariela:*** *Gros bises*
10:28 - ***Mariela:*** *Bises*
21 mai, 10:37 *-* ***Mariela:*** *Juan Pablo vient de répondre au mail que je lui avais envoyé*
10:37 - ***Mariela:*** *C'est pire qu'avant, Juan....*
10:37 - ***Mariela:*** *Je te l'envoie pour que tu le lises*
10:37 - ***Mariela:*** *Moooon dieuuuuu*
10:37 - ***Juan:*** *envoie-le moi*

de:Mariela González <mari_g2008@hotmail.com>
pour:Juan Pedropablo <juanpedropablo@gmail.com>
date:21 mai 2014, 10:41 a. m.
sujet:RE: le roman

Voilà ce que je lui ai envoyé, Juan:

Bonjour Juan Pablo.... Ton mail m'a laissée perplexe, sans mots, avec une douleur déchirante dans l'âme, impossible à expliquer, je te suis reconnaissante du plus profond du coeur de me l'avoir envoyé, avec José Maria nous avons eu, et nous avons encore, quelque chose de très fort que pendant des années j'ai personnellement effacé de ma mémoire, et il y a quelques jours, dimanche précisément, j'ai lu le livre d'un ami, qui m'a saisi d'une manière incompréhensible et à partir de là se sont succédés des faits incroyables, José Maria prit contact avec moi, ce fut quelque chose de magique, et quand j'ai reçu ton mail, au plus profond de moi, je savais qu'il avait quitté ce monde mais pas mon âme, nos âmes, je sais que quelque part dans cet univers, il est là et c'est là que je vais aller le retrouver, j'ai aimé cette personne si pleine de lumière et je me sens presque coupable et lâche de ne pas avoir suivi ce que me dictait mon coeur, à ce moment-là....ce qui remplit mon âme, c'est qu'il soit parti dans ce pays si merveilleux dont nous avions rêvé pour être

ensemble pour toujours... Je ressens beaucoup de douleur, je suis déboussolée, vide, dépassée, bloquée, je ne sais pas expliquer ce que je ressens, Juan Pablo, mon âme me brûle, je sens que j'étouffe par moments, je suis submergée par les pleurs en permanence, je voudrais savoir comment se sont passées toutes ces années où il a vécu là-bas, qu'a-t-il fait? A-t-il eu des enfants, ensemble c'était un autre de nos rêves, je ne sais pas si quelqu'un comprendra l'amour qu'il y avait et qu'il y a encore entre nous, seul lui et moi connaissions la connexion de nos âmes... Je te salue affectueusement, en te remerciant à nouveau de ton geste si pur... .

Voilà ce que m'a répondu Juan Pablo:

Ma chère Mariela, que ta réponse est agréable, sois tranquille, mon cher ami est parti en paix et avec une grande lumière intérieure, comme il l'avait décidé. Nous nous sommes connus quand il est arrivé en Inde, ce fut une connexion immédiate quand nous avons commencé à parler dans ce restaurant, et depuis ce jour, nous avons partagé beaucoup de moments, il m'a beaucoup aidé, c'était un grand ami pour moi, il n'eut pas d'enfant, je ne lui ai connu aucune femme à cette époque, il me parlait seulement d'une personne magique et belle qui était pour lui un amour suprême et qu'il regardait toujours, c'est ce qu'il me disait toujours. Je ne comprenais pas quand il me disait qu'il vous regardait et je lui demandais où la regarde-tu? Est-elle loin? Et il répondait avec ses sages paroles, je la regarde, cher ami, je la regarde, nos âmes se regardent et elle le sait. Il me raconta ce pacte entre vous, il me disait toujours que vous alliez vous rencontrer dans l'éternité, je ne comprenais pas bien et j'en arrivais même à penser à un moment que sa folie était grave, mais avec le temps, je me suis rendu compte qu'il n'était pas fou, que ce qu'il me disait était vrai, je ne crois pas connaitre une autre personne au monde capable d'aimer comme il vous aimait. Mes cordiales salutations et si je peux

vous vous aider, des doutes ou quelque besoin que vous ayez, il suffit de m'écrire.........

Cdlt.: Juan Pablo.

21 mai, 10:43 - Mariela: *Je viens de t'envoyer le mail, préviens-moi s'il est arrivé*

10:52 - ***Mariela:*** *Je ne peux arrêter de pleurer*

10:52 - ***Mariela:*** *Il n'a pas eu d'enfants, Juan, ça pour moi, c'est trop fort...*

10:53 - ***Mariela:*** *Je n'en peux plus,Juan Je sens que je meurs à l'intérieur...*

10:53 - ***Mariela:*** *La douleur est plus intense*

10:53 - ***Mariela:*** *Mooooon dieuuuuu*

10:53 - ***Mariela:*** *Je me sens sans forces, Juan*

10:57 - ***Mariela:*** *Aiiiide-moi, s'il te plait, je ne peux pas, je ne peux pas supporter ça*

11:01 - ***Juan:*** *Oui, Mariela....*

11:46 - ***Juan:*** *Je l'ai lu*

11:53 - ***Juan:*** *Comment vas-tu?*

11:54 - ***Mariela:*** *Je sens que je ne vais pas pouvoir, Juan*

11:54 - ***Mariela:*** *Comment est-ce que je fais pour continuer*

11:54 - ***Mariela:*** *Compreeeeend-moi, je me sens sans forces*

11:55 - ***Mariela:*** *La douleur est à chaque fois pire, je sens que je me consumes, Juan...*

11:56 - ***Mariela:*** *Ça me brûle, Juan, ça me brûle l'âme*

11:59 - ***Juan:*** *Reste dans cette douleur*

12:00 - ***Juan:*** *Regarde-la en face*

12:00 - ***Juan:*** *Il y a beaucoup de sagesse, là*

12:00 - ***Juan:*** *Concentre-toi sur ce qu'il dit*

12:00 - ***Mariela:*** *Aaaaaah, Juannnn*

12:00 - ***Juan:*** *ce n'est en rien de ta faute*

12:00 - ***Mariela:*** *J'ai besoin de paiiiiiiiix*

12:00 - ***Juan:*** *Au contraire*
12:01 - ***Juan:*** *Reste-là et laisse ton être parler*
12:01 - ***Juan:*** *Nous allons être ensemble pour cela*
12:01 - ***Juan:*** *Tu vas m'aider et je vais t'aider*
12:01 - **Mariela**: *Merci, Juan merciiiii*
12:01 - ***Juan:*** *La vie fait le reste*
12:02 - **Mariela:** *Bien sûr que je vais t'aider*
12:02 - ***Juan:*** *Nous allons nous aider*
12:02 - ***Juan:*** *Dieu est derrière tout ça*
12:02 - ***Juan:*** *Soyons dignes*

LES PETITES BULLES

LE RÉVEIL DES CHAKRAS

Une nuit, longtemps avant ce qui est en train d'arriver, Juan décide de se détendre cinq minutes avant d'aller dormir. Dans un coin de sa chambre, il prend la position dans laquelle, il a l'habitude de méditer et il essaye de se déconnecter. Il en est là, quand il entend une sorte de bruit ou de craquement dans sa tête, comme le bruit d'une branche sèche qu'on casse. Encore sous l'effet de la surprise, il sent une atmosphère dense gonfler autour de lui. C'est un air différent par sa matière, sa consistance. Avec les yeux fermés, il perçoit la bulle d'une couleur dorée avec des éclats lumineux sur les fibres qui la tissent, et au centre de cet air ou substance, apparaissent les parfums de son enfance, odeur de la pelouse et de la cour de sa maison quand il était enfant, odeur de tissu brûlé quand sa mère, un après-midi, oublie son fer à repasser sur une chemise, et odeur d'automne et d'une fin d'après-midi. Alors quelque chose commence à vibrer et à bouger à l'intérieur de lui, depuis la base de la nuque jusqu'au centre de son crâne. C'est une vibration qu'il suppose, dans son ardeur pour mettre des mots sur ce qui lui arrive, comme le tremblement d'un dispositif électrique de basse tension. La subtile vibration se maintient et maintenant l'esprit de Juan résume l'effet à l'image de petites bulles d'air, d'air humide, comme un soda ou quelque chose comme ça, en activité dans sa tête. Et les mâchoires de Juan vibrent, à cause de cette ébullition ou électricité intérieure, et il ne peux que rire, quelle folie tout ce qui est en train de lui arriver, et il s'allonge et essaye de dormir et il s'endort, avec l'attention fixée sur cette étrange bouillonnement de bulles.

21 mai, 14:04 - Mariela: *Juannnnnnnnnn mon dieuuuuuuu .... Je sens que quelque chose grimpe le long de mon dos, monte jusqu'à ma tête et descend le long de ma colonne .... Je marche et je marche pour voir si ça part et nooon, ça ne part pas.... c'est de plus en plus intense..... J'ai peuuuuuuuur, je tremble, j'ai très froid, Juan, je sens que je ne peux pas contrôler cela et j'ai très peur mon dieuuuuu que m'arrive-t-il?????*

14:06 - **Mariela:** *Et je me regarde dans la glace et je ne vois rien... J'ai très peur ...*

14:09 - **Juan:** *Ce qui grimpe le long de ton dos...décris-le... c'est quoi?*

14:10 - **Mariela:** *Je ne sais pas, c'est une sensation de bulle que je sens*

14:10 - **Mariela:** *Je ne sais pas comment t'expliquer, Juan*

14:10 - **Juan:** *des petites bulles d'air humide !!!!!??? ahahah*

14:10 - **Mariela:** *Qu'est-ce qui te fait rire ??????*

14:10 - **Juan:** *Ça m'est arrivé, il y a des années!!!!!*

14:10 - **Mariela:** *Je ne comprends paaaaas, ce qu'il m'arriveeeee*

14:10 - **Juan:** *Tes chakras se sont ouverts, mari....*

14:11 - **Juan:** *Ahahahahah*

14:11 - **Juan:** *Laisse faire*

14:11 - **Juan:** *Ce n'est pas mauvais... !!!!*

14:11 - **Mariela:** *Chakras???????*

14:11 - **Mariela:** *Comment je laisse faire????*

14:11 - **Mariela:** *Je me sens bonne à rien, mon ami*

14:11 - **Juan:** *Tu n'as rien à faire*

14:12 - **Juan:** *Oui... ce sont des centres d'énergie*

14:12 - **Juan:** *Des vortex*

14:12 - **Juan:** *Tu vas sentir comme un tourbillon dans ton corps*

*14:12 - **Juan:** Ou des petites bulles*

*14:12 - **Juan:** Ou de l'air*

*14:12 - **Mariela:** Ouiiiiiiiiiiiiiiiiii. C'est ça!!! C'est ça!!!*

*14:13 - **Mariela:** Juan, ma tête explose*

*14:15 - **Juan:** Je sais*

*14:16 - **Juan:** Attend que ça se passe ...*

*14:17 - **Mariela:** Comprends-moi, s'il te plait, tout ça est trop intense pour moi..*

*14:17 - **Mariela:** J'ai toujours été très méfiante sur tout dans la vie..... Et maintenant je me rend compte qu'il y avait une seule raison pour laquelle j'ai décidé qu'il en soit ainsi*

*14:18 - **Juan:** Laquelle ?*

*14:20 - **Mariela:** Et c'est que maintenant je me rend compte que ce pacte, était vraiment sacré et pur, Juan et à partir de là, je n'ai plus cru en rien, ni en personne d'autre.... Il fut la seule personne à laquelle je me suis confiée du fond de mon âme*

*14:20 - **Mariela:** Je ne sais pas comment l'expliquer*

*14:20 - **Juan:** Tu as vu que les réponses arrivent, Mari ??*

*14:21 - **Mariela:** Oui, je vois*

*14:21 - **Mariela:** Je ne sais pas pourquoi quand nous nous sommes rencontrés*

*14:21 - **Mariela:** Je t'ai dit que j'étais méfiante...*

*14:22 - **Mariela:** Mais tu m'inspirais confiance*

*14:22 - **Mariela:** Maintenant je comprends aussi pourquoi*

*14:22 - **Mariela:** Tu te souviens?*

*14:26 - **Juan:** Oui*

*14:26 - **Juan:** Oui, je me souviens*

*14:27 - **Juan:** Je m'en souviens très bien*

*14:27 - **Mariela:** Moooon dieuuuuu*

*14:29 - **Juan:** Les petites bulles continuent ?*

*14:29 - **Mariela:** Ouiiiiiiii*

*14:29 - **Mariela:** Par moments, ça diminue*

*14:29 - **Mariela:** Mais à d'autres c'est plus intense*

*14:30 - **Mariela:** Mais je suis plus calme qu'avant*

14:30 - ***Juan:*** *Tu les sens à l'intérieur de ta colonne ?*

14:31 - ***Juan:*** *Ou tu sens qu'il entre de l'air comme un tourbillon par certaines parties du corps?*

14:31 - ***Mariela:*** *Je ne sais pas par où, mais je les sens dans la colonne qui montent et descendent...*

14:31 - ***Mariela:*** *C'est bizarre à expliquer*

14:32 - ***Juan:*** *Essaye de le décrire, pour voir ...*

14:32 - ***Mariela:*** *Par moments j'ai très froid, comme si d'un seul coup il y avait un courant d'air...*

14:32 - ***Mariela:*** *Et aussitôt, je sens que quelque chose monte et descend dans ma colonne*

14:32 - ***Mariela:*** *Qui arrive jusqu'à ma tête*

14:33 - ***Juan:*** *Oui*

14:33 - ***Mariela:*** *Je ne sais pas comment l'expliquer, je ne sais pas*

14:33 - ***Juan:*** *Décris-moi, comme tu le peux, ce qui monte et descend*

14:33 - ***Mariela:*** *Comme des bulles, c'est ça la sensation*

14:33 - ***Juan:*** *Incroyable*

14:33 - ***Juan:*** *Comme moi, il y a sept ans*

14:34 - ***Mariela:*** *Comme si c'était de l'air avec de l'eau, je ne sais pas, Juan, comment t'expliquer avec des mots*

14:34 - ***Juan:*** *Bon... arrivé là, tout est incroyable ahahahah*

14:34 - ***Juan:*** *Ahahahaha, pareil, pareil que moi....*

14:34 - ***Mariela:*** *Tu ris, Juan, mon dieuuuu .... Je n'arrête pas de pleureeeeeer...*

14:35 - ***Juan:*** *Ahahahah, calme-toi*

14:35 - ***Juan:*** *Ça va continuer à t'arriver pendant quelques jours*

14:36 - ***Mariela:*** *Nooooon dis-moi que ça va partir viiiiiite*

14:36 - ***Juan:*** *Non, ça ne va pas partir*

14:36 - ***Juan:*** *Pendant quelques jours ça va t'arriver*

14:36 - ***Mariela:*** *Noooooooon*

14:36 - ***Juan:*** *Mais sois tranquille, ce n'est pas mauvais....*

14:36 - ***Juan:*** *Tu n'es plus la même*

14:36 - ***Mariela:*** *dans quel sens?*

14:36 - ***Juan:*** *Maintenant, tu vas être...d'une manière différente... mieux percevoir... tu vas te connecter avec le monde et la vie d'une autre manière....*

14:37 - ***Mariela:*** *Ça je le sais... je te l'ai dit récemment.... mon regard a changé*

14:38 - ***Juan:*** *"Dédicacé à tous ceux qui ont expérimenté le Miracle de la Communion Sacrée dans le Regard Reflet"*

14:38 - ***Juan:*** *Ainsi commence L'Oubli de Gaston...*

14:38 - ***Mariela:*** *Ouiii, ton livre commence comme ça*

14:39 - ***Mariela:*** *"MAINTENANT QUE JE LE PEUX, J'AVANCE" cette phrase de ton livre que Gaston dit m'a marquée d'une façon que je ne peux expliquer, Juan*

14:40 - ***Juan:*** *Tu me l'avais dit*

14:40 - ***Mariela:*** *.....Je ne sais pas pourquoi je l'ai à l'esprit en permanence*

14:42 - ***Mariela:*** *je ne peux ouvrir les yeux tellement ils sont gonflés de tant pleurer...... J'ai besoin d'arrêter de pleurer, mais je ne parviens pas à contrôler mes pleurs*

14:42 - ***Juan:*** *Pleure, mari*

14:43 - ***Mariela:*** *C'est que je pleure, Juan, je ne peux arrêter de pleurer bien que je veuille cesser de le faire*

14:43 - ***Juan:*** *Laisse sortir... pleure*

14:44 - ***Mariela:*** *Ça fait longtemps, Juan, longtemps que j'ai cru ou plutôt OUBLIÉ et bloqué cela....*

14:45 - ***Juan:*** *Cela faisait partie du plan*

14:45 - ***Juan:*** *Celui qu'on ne peut envisager avec l'esprit*

14:46 - ***Mariela:*** *Juan, je suis en train de devenir folle avec ça?... Dis-moi que ce n'est pas une folie ...*

14:47 - ***Juan:*** *Non, mari, ce n'est pas une folie*

14:47 - ***Juan:*** *C'est une manifestation de l'ESPRIT..*

14:47 - ***Mariela:*** *Comprends-moi .... J'ai oublié et bloqué toute possibilité d'amour, quand j'ai fait ce pacte.....*

14:48 - ***Juan:*** *Un grand signe sur la vérité DES ESSENCES UNIQUES*

14:48 - ***Juan:*** *Je te comprends*

14:48 - ***Mariela:*** *Mais, Juan, pourquoi maintenant?*

14:49 - ***Mariela:*** *Il me vient à l'esprit des millions de moments si intenses, avec des détails que je croyais avoir oubliés et non*

14:49 - ***Mariela:*** *Et ce n'est pas ainsi*

14:49 - ***Mariela:*** *C'est très foooort*

14:50 - ***Mariela:*** *Je me souviens de la première fois que nous avons fait l'amour ..... Et j'ai de nouveau ressenti la même sensation de toucher le ciel ou l'univers avec les mains, seulement en m'en souvenant....*

14:51 - ***Mariela:*** *Tu comprends ce qui m'arrive*

14:51 - ***Mariela:*** *D'un côté c'est cette douleur extrême*

14:51 - ***Mariela:*** *Et de l'autre mon esprit et mon âme sont revenus en arrière et me souvenir de ce que j'ai vécu avec lui me donne cette sensation*

14:52 - ***Juan:*** *Je le comprends, Mariela, parce que je l'ai vécu, ça m'est arrivé, alors tu vois si je comprends....*

14:52 - ***Mariela:*** *D'un bien-être total, je ne sais comment l'appeler*

14:52 - ***Mariela:*** *Oui, je sais, je sais ce qu'il t'est arrivé*

14:53 - ***Juan:*** *De communion avec dieu*

14:53 - ***Juan:*** *D'Être dans le Sacré*

14:53 - ***Juan:*** *Et crois-moi*

14:53 - ***Juan:*** *Tu vas y retourner*

14:53 - ***Juan:*** *Tu viens de là et c'est là que tu vas retourner*

14:53 - ***Juan:*** *Tout le reste est sans importance*

14:53 - ***Juan:*** *Tu es bénie*

14:53 - ***Juan:*** *Tu sais que c'est cela qui t'attend*

14:53 - ***Mariela:*** *Retourner comment?*

14:54 - ***Juan:*** *Tu comprends*

14:55 - ***Mariela:*** *Mais comprends-moi... c'est très fort et inattendu*

14:55 - ***Mariela:*** *J'avais bloqué tout ça, Juan*
14:55 - ***Juan:*** *Je te comprends*
14:55 - ***Juan:*** *Oui, je sais*
14:55 - ***Mariela:*** *Pour moi, j'avais cessé d'exister depuis ce jour*
14:55 - ***Mariela:*** *Du pacte*
14:55 - ***Juan:*** *Oui*
14:56 - ***Mariela:*** *Ahhhh, mon ami.... Je vais t'appeler désormais mon frère d'âme......*
14:56 - ***Juan:*** *Oui, oui... c'est ce que nous sommes*
14:56 - ***Mariela:*** *Tout cela est très foooort*
14:57 - ***Juan:*** *Oui*
14:57 - ***Mariela:*** *Quand nous nous retrouveront*
14:57 - ***Mariela:*** *Pour parler*
14:57 - ***Mariela:*** *Avant de parler*
14:57 - ***Mariela:*** *J'ai besoin que tu me serres fort dans tes bras*
14:57 - ***Juan:*** *C'est ce que je sentais, Mariela*
14:58 - ***Juan:*** *Avant tout, une étreinte*
14:58 - ***Juan:*** *J'allais te le dire*
14:58 - ***Mariela:*** *Nous nous croisons dans cette vie pour cela*
14:59 - ***Mariela:*** *Pour nous entraider*
14:59 - ***Juan:*** *Oui ... c'est ça*
14:59 - ***Juan:*** *Et nous allons nous aider...*

Cette étrange vibration dura quatre jours. Après, tout se calma, mais pas pour très longtemps. Environ dix jours après que le soda électrique cesse dans sa tête, une nuit, Juan se couche sur le dos, prêt à dormir. Il en est là, déjà la douceur du sommeil l'accueille dans une pensée diffuse, à la frontière entre la conscience de veille et l'onirique, quand se déclenche en lui un courant d'air en forme de vortex qui le traverse. Tout commence dans sa poitrine, un tourbillon d'air aqueux, de la même matière et consistance que cet élément qu'il sentit pendant quatre jours dans sa tête, et la vibration est telle que même le lit tremble. Juan revient à l'état de veille et se concentre sur ce qui arrive, et, c'est incroyable, mais c'est ainsi, un tourbillon d'air avec des bulles le traverse juste au niveau du coeur. Cela dure presque dix minutes, et il se palpe, mais ne touche rien et pourtant il le sent et son lit bouge, tremble. La surprise est plus grande quand il constate que le tourbillon monte jusqu'à la gorge, et de là jusqu'à-aux sourcils, pour retourner vers le bas et se situer dans son coeur à nouveau, juste pour un instant, parce que déjà l'air qui forme le vortex descend vers le plexus solaire, et de la, le cône est plus petit et continue à descendre jusqu'au dessus du pelvis. Et c'est ainsi pour Juan pendant un bon moment, peut-être une heure ou plus, parcouru par ce courant d'air de petites bulles et d'une consistance indubitable, bien qu'il ne puisse le toucher. Et il se repose, livré au phénomène, dans son lit qui vibre, jusqu'à ce qu'il s'endorme.

21 mai, 16:54 - Mariela: *Je viens de rentrer de courir, ça m'a fait du bien, je crois, mais ces petites buuuulles ne partent pas....... Maintenant je les sens passer dans mes bras et ils tremblent, mon corps tremble, et le froid est revenu. je ne peux le contrôler, Juan, j'ai peur, vraimeeeeent..., que dois-je faire-?... Je peux prendre quelque chose qui me détende...?.. Je ne sais pas, j'ai besoin de calme ....je suis comme en sur-régime, je ne peux pas rester en place, je ne parviens pas à rester calme parce que je pense et je pense et je ne peux arrêter de penseeeeeeeer.......ça m'a sortie de toutes les règles de vie que je m'étais imposées, aaaah, Juan, j'ai besoin d'une réponse, d'un signe, ou quoi que ce soit, maintenant ... Je vais vraiment devenir folle, c'est même pire, je ressemble à une folle tellement je tremble ......*

16:56 - ***Juan:*** *Ahahahah*

16:56 - ***Juan:*** *Plus de signes que ce qui est déjà arrivé ???*

16:57 - ***Juan:*** *Ahahahah, impossible..!*

16:57 - ***Mariela:*** *Arrête de rire, ahah*

16:57 - ***Juan:*** *Non, ne prends rien, mari*

16:57 - ***Juan:*** *Au moins ces jours-ci*

16:57 - ***Juan:*** *Je pense que ces bulles vont durer trois ou quatre jours*

16:57 - ***Juan:*** *Pas plus que ça...*

16:58 - ***Juan:*** *Et ça ne fait pas mal... c'est davantage la perplexité que ça produit*

16:58 - ***Mariela:*** *Bon ... Je ne prends rien*

16:58 - ***Juan:*** *Travaille la respiration*

16:58 - ***Juan:*** *Respire profondément*

16:58 - ***Mariela:*** *Ce n'est pas de la douleur physique que je ressens*

16:58 - ***Mariela:*** *C'est une étrange sensation*

16:59 - ***Mariela:*** *C'est ce que je faiiiis....mais ma tête travaille à mille à l'heure et je n'arrive pas à me concentreeeer*

17:02 - ***Juan:*** *Respire comme un bébé*

17:02 - ***Juan:*** *Et essaye de te reposer*

17:02 - ***Juan:*** *Et que tout ça décante*

17:03 - ***Mariela:*** *C'est que je suis couchée là,... je sens que je ne peux pas rester arrêtée*

17:03 - ***Juan:*** *Reste comme ça*

17:03 - ***Mariela:*** *Bon, d'accord*

17:03 - ***Mariela:*** *Je fais comme tu dis*

17:03 - ***Juan:*** *Où sont tes bulles, maintenant?*

17:05 - ***Mariela:*** *Qu'est-ce que j'en sais .... Je sens qu'elles sont dans la colonne, depuis le coccyx jusqu'aux cervicales et ça part dans mes bras, dans les coudes je sens comme si quelque chose tournait au même endroit*

17:05 - ***Mariela:*** *Je ne sais pas si tu comprends*

17:05 - ***Juan:*** *Oui*

17:06 - ***Mariela:*** *C'est bizaaaarre, Juan, bizaaaarre*

17:06 - ***Mariela:*** *Comme si c'était de l'air avec de l'eau... comment veux-tu que je t'explique*

*17:07 - **Mariela:** Ça me remonte jusqu'au-dessus des oreilles, dans ma tête, je les sens et en même temps, ça descend dans mes bras*

*17:08 - **Juan:** Comme un tourbillon ou un vortex ?*

*17:08 - **Juan:** C'est le prana, Marii*

*17:08 - **Juan:** Tes chakras se sont réveillés*

*17:09 - **Mariela:** Ouiii, comme si ça tournait sur place ou en cercle...*

*17:09 - **Juan:** Exact*

*17:09 - **Mariela:** Bon*

*17:09 - **Juan:** On trouve beaucoup de choses sur internet au sujet des chakras*

*17:10 - **Juan:** Ce qu'il n'y a pas, et pourtant j'ai cherché et cherché partout.... c'est une autre personne à qui il est arrivé la même chose ... comme ça, de cette façon .. avec cette sensation de petites bulles ou de courant d'air... je n'ai rien trouvé de semblable ..... et j'ai cherché partout...*

*17:10 - **Juan:** Je ne connais que toi et moi... c'est incroyable, non ?*

*17:10 - **Juan:** Et tous les deux avec une histoire dd'Essences Uniques ou de Liens Sacrés*

*17:11 - **Juan:** Peut-être que c'est un phénomène qui ne touche que les êtres avec des Jumeaux...*

*17:11 - **Juan:** Je ne sais pas*

*17:11 - **Juan:** Peut-être que ce n'est que mental...*

*17:11 - **Juan:** La seule chose réelle est ce que tu ressens...*

*17:12 - **Juan:** Ou que tu sais...*

*17:12 - **Juan:** Ou que tu révèles...*

*17:12 - **Mariela:** Ouiiiiiii... et comment je le sens...*

*17:12 - **Juan:** Exact*

*17:13 - **Mariela:** Je vais prendre un bain, j'ai besoin de me détendre un peu*

*17:13 - **Mariela:** On parle plus tard*

*17:14 - **Mariela:** Bise*

*17:14 - **Juan:** Bises, mon amie*

L'effet vortex dure quelques jours pour Juan, et après il se dilue et revient de temps en temps. En général, c'est la nuit. Pendant environ six mois, régulièrement, disons tous les dix ou quinze jours, les petites bulles tourbillonnantes troublent sans prévenir le repos de Juan, juste avant qu'il s'endorme, et au-delà du tremblement du lit, le bercent dans un registre énergétique de type scanner qui l'entraine jusqu'au sommeil, duquel il émerge, le lendemain, complètement ravivé et avec une innocente vitalité, comme si la matrice de l'illusoire se déprogrammait pour revenir à un état originel. Mais à la fin de cette période, de ces six mois, le phénomène prendra une autre forme. Juan se découvre identique, mais différent. Une étrange empathie avec le monde l'a rendu plus responsable, certains lui diront qu'il est plus dur, parce qu'en autres choses, il ne réagit plus avec excès à la sensiblerie, et d'autres lui diront qu'il est différent pour une sorte de grande sensibilité qu'il manifeste dans la vie. Ce qui est sûr c'est que Juan n'est plus le même, tout en l'étant. Et il marche ainsi, tout à ses préoccupations quotidiennes, sur un trottoir qui lui parait superbe, illuminé par le printemps. Il s'arrête pour épier, à travers les feuilles d'un arbre, le reflet du soleil, si libre de tout étonnement devant la beauté, et regarde la grappe de brillances qui l'aveugle, dans un jeu auquel il se prête avec le sourire, il ressent soudain, un pincement au bas du corps, entre ses organes génitaux et l'anus, pincement qui ressemble à la piqûre d'une aiguille et duquel nait une petite bulle qui remonte le long de la colonne et lui courbe le corps, le tendant comme un arc, et il reste comme écartelé de l'intérieur, regardant le ciel entre les feuillages de l'arbre, un ciel intensément bleu de printemps, et il lui parle à haute voix comme si quelque chose l'écoutait, et un autre pincement le tend et le courbe encore plus, pendant qu'il dit au soleil l'amour qu'il ressent pour tout et il porte la main à sa poitrine qui s'ouvre et est connectée au flux de la vie. Ce sont beaucoup de pincements et de petites bulles qui montent et lui courbent le dos, mais Juan continue ses tâches car il est habitué à ce que des choses étranges lui arrivent, et ces pincements ont sûrement quelque chose à voir avec le courant d'air aqueux et les bulles électriques de basse tension.

22 mai, 8:52 - Mariela: *Juannn comment vas-tu? Hier, j'ai parlé avec ma fille, elle voulait savoir ce qui m'arrive, elle me voyait si mal qu'elle a eu peur, et alors, j'ai décidé de lui raconter, j'ai beaucoup pleuré, elle aussi.... Et tu sais ce qu'elle m'a dit???... À seulement 15 ans, elle est une petite personne très spéciale, elle a un ange gardien et une incroyable perception des choses.... Elle me dit: maman...moi je crois aux âmes jumelles, oui, je crois qu'au-delà de l'univers, quelque part dans le monde, nous avons cette âme jumelle que nous devons trouver, certains la trouvent, d'autres non, mais tu sais maman, ce qu'il t'est arrivé maintenant est bien, c'est quelque chose de beau, ne souffre pas, ne te sens pas coupable, connecte-toi avec lui, seulement toi et lui pouvez le faire avec votre âme et là tu vas trouver l'équilibre et la paix que tu cherches, il va te la donner, maman, ne refuse pas de ressentir, me dit-elle, tout a une raison d'être en ce monde, maman .... Et je lui parlais de toi et de ton livre, je lui racontais tout... comment les choses étaient arrivées, et hier soir, elle a commencé à lire ton livre... Ah, et elle me dit, pourquoi tu ne l'écris pas, pourquoi tu n'écris pas cette histoire, écris-la, maman, je crois que ça t'aidera aussi à te sentir en paix.... Juan, je ne lui avais pas dit que tu voulais l'écrire et que j'allais t'aider, c'est venu d'elle... Je ne sais pas si parler avec ma fille fut une bonne idée ou pas, mais elle m'a insufflé beaucoup de calme, et ça lui a fait du bien que je lui raconte... Elle écrit, je ne sais pas si je te l'avais dit déjà, elle a une merveilleuse sagesse à seulement 15 ans, mais au-delà de tout ça, ma conversation avec elle je la prends comme un signe, les* *bulles hier ont commencé à diminuer en peu de temps, même si je continue à les sentir, c'est gênant par moments, mais je ne m'oppose pas à ce que ça arrive, je laisse tout s'écouler, mais mon corps me fait très mal, de mes yeux jusqu'aux pieds, comme si j'avais la grippe, de même que mes articulations, c'est ça la sensation.... Bon, mon ami, on parle quand tu peux... Je t'envoie un baiser....*

*8:58 - **Juan:** Mari, tu m'as encore une fois ému.... c'est hallucinant que tu aies parlé avec ta fille.... il y a des petites personnes qui malgré leur jeune âge sont sages car ce sont des âmes anciennes... oui. Tout cela est un signe.. un beau signe, mari... tout va bien se passer....*

*8:59 - **Mariela:** Je l'espère, Juan.....*

*8:59 - **Mariela:** On parle tout à l'heure*

*8:59 - **Mariela:** Bises*

Après les pincements de bulles, le phénomène devient plus subtil. La vibration est beaucoup plus légère et peut saisir Juan, pendant la journée, en le surprenant au milieu de n'importe quelle tâche. La sensation est ondulante, comme une pulsion ascendante en spirale, et une danse, comme celle d'une vipère, se déclenche autour de lui, dans une luminosité déclinante et une matérialité astrale. Danse de vipère, se dit-il dans sa tête et il sourit, parce qu'il ne peut parler à personne de cela, car on le prendrait pour un fou. Et Juan vit avec ce qui lui arrive contre sa volonté et se souvient de cet après-midi avec Maria, où ils prirent un café après deux ans sans se voir et se racontèrent que, sans se voir, ils parcouraient les mêmes chemins, des détours existentiels qui convergent, les mêmes questions, les mêmes défis, comme si dans la distance et l'absence quelque chose les unissait. Et il se souvient de cet après-midi parce que Juan ressentit, quand il était auprès d'elle, que sa poitrine se dilatait et que de son coeur émanait une énergie qui allait vers elle, des filaments de lumière directement vers le coeur de Maria, et il n'y avait pas moyen de se laisser aller, d'abandonner la conversation et la bière, parce que déjà le café avait laissé la place au vaste dialogue du délice suprême des miroirs face à face qui reflètent l'infini, et une autre bière car Juan n'avait jamais autant profité d'une compagnie comme celle de Maria. Et elle non-plus, mais Maria devait s'en aller, bien que son corps et son coeur lui demande à corps et à cris de rester pour toujours, parce que sa vie à ce moment-là était ailleurs, et son âme savait qu'il y a des dettes qui doivent se solder.

GASTON

"Et c'est que je ne pus rien faire d'autre que rester assis sur le banc de la place, te regardant partir, pour te voir revenir..." – de L'Oubli de Gaston

"L'éternité peut être démontrée, il suffit de faire face à deux Miroir et le Miracle se produit, le Reflet Infini..." – de L'Oubli de Gaston

***22 mai, 12:51 - Mariela:** Juannnnnnnnnnn!!!!!!*

*12:51 - **Mariela:** Tu ne sais pas ce qu'il m'est arrivé !!!!!!!!!!!!*

*12:52 - **Mariela:** Je ne sais pas comment l'expliqueeeeer, ça me dépaaaaaasse!*

*12:52 - **Mariela:** je finissais de prendre un café en plein milieu d'un bar et soudain un jeune homme entre, plutôt mal habillé, débraillé, comme un garçon des rues, mais quelque chose le rendait un peu différent des autres garçons des rues, avec un sac tout effiloché, d'environ 18 ou 20 ans et il pose sur la table une petite image, une seule (cela me surpris... il n'y en avait qu'une)*

*12:52 - **Mariela:** et je l'ai regardé et j'ai dit au jeune, non merci, et il me dit MADAME, VOUS ÊTES LA SEULE QUI PEUT M'AIDER...., et je lui dit, moi ???... Comment???... Et il me dit, si vous m'acheter cette image DIEU VA M'AIDER ET JE NE VAIS PLUS DORMIR SUR LE BANC DE LA PLACE.... JE ME PRÉSENTE, MADAME... JE SUIS GASTON...*

*12:53 - **Mariela:** Juannnnnnnnnn....... Je suis restée figée, muette sans mots, et les larmes ont commencé à couler, tellement que* *le serveur s'est approché et m'a dit, madame, ce garçon vous ennuie... pendant qu'il l'expulsait du lieu et je n'ai pas eu le temps de lui acheter son image.... ma stupeur était telle qu'en vérité, Juan, je ne pouvais plus parler, les mots ne sortaient pas de ma bouche... et je suis restée ainsi plusieurs minutes, je suis sortie chercher le garçon, mais je ne l'ai pas trouvé .... Juannnnnn, mon dieu, s'en est trop....!!!!!!!!*

12:53 - **Mariela:** *J'ai commencé à trembler, je suis arrivée à ma voiture comme j'ai pu et ces bulles que je sentais de plus en plus fooooort....... Juan, dis-moi ce qui est en train de m'arriver, s'il te plait ... je vais devenir folle, j'ai besoin que tu m'aides à comprendre tout ça....!!!!*

13:01 - **Juan:** *Mari ... du calme*

13:01 - **Juan:** *Quelque chose est en train de se manifester...*

13:02 - **Mariela:** *Je ne peux pas rester caaaalme, Juannnn, il m'arrive des choses inexplicables depuis dimanche.....*

13:02 - **Mariela:** *C'est en train de me vriller le cerveau...*

13:02 - **Juan:** *Je te comprends, Mari, je te comprends*

13:03 - **Mariela:** *Gaston est le personnage de ton liiiivre...!!.. la place... le banc de la place... tout m'est revenu à l'esprit..!!!*

13:04 - **Mariela:** *Tout est lié pour une bonne raison... je dois savoir ce que c'est, Juannn... ou je vais vraiment finir par devenir folle.....!!!*

13:04 - **Juan:** *Du calme, mari*

13:04 - **Juan:** *j'ai les jambes qui flanchent à nouveau...*

13:05 - **Mariela:** *Comment veux-tu que je reste calme-.... Je suis pleine d'angoisse... j'ai peeeeeuur.....!!*

13:05 - **Mariela:** *J'ai géré comme j'ai pu, Juan, je viens d'arriver à la maison..., je ne peux même pas parler, les mots ne sortent pas de ma bouche...*

13:12 - **Mariela:** *J'ai besoin de parler avec toi, préviens-moi quand je peux t'appeler, s'il te plait......*

13:21 - **Juan:** *Laisse-moi quelques minutes et je t'appelle*

13:22 - **Juan:** *j'ai les jambes qui flageolent*

*13:22 - **Juan:** Le garçon t'a laissé l'image ????*
*13:26 - **Mariela:** ouii... je l'ai dans mes mains en ce moment*
*13:30 - **Mariela:** C'est celle du sacré coeur de Jésus*

Ce jour-là, à midi, Juan est en train de faire des démarches dans le centre de la ville. Il finit par trouver une place pour stationner, et quand il descend de voiture, il croise René, un ami avec lequel il fit ses études secondaires, et qu'il n'avait pas vu depuis dix ans. René l'invite à prendre quelques « mates » à son travail, près de l'endroit où Juan s'était garé. Une librairie chrétienne très prolixe et bien entretenue qui en plus vend des icônes et des accessoires catholiques. Pendant que René s'occupe des clients, il sert quelques « mates » à Juan, et ils se mettent au courant de ces dix dernières années, durant lesquelles ils ne se sont pas vus. Ils en sont là, avec entrain, la conversation est animée par le plaisir de cette rencontre après si longtemps, quand soudain, Juan, sans raison apparente se met à pleurer. Les larmes coulent de ses yeux et Juan ne sait pas pourquoi. René, très attentif, et sans rien demander, sort d'un tiroir une petite image et la met entre les mains de Juan et lui dit que c'est une image bénie qui va le protéger et qui de plus est miraculeuse. C'est une image du *Sacré Coeur de Jésus*. Exactement la même qu'à deux-cent kilomètres de là, Mariela reçoit de Gaston, dans un bar du centre de Cordoba, pendant qu'elle prend un café.

22 mai, 15:24 - Juan: *Je viens de t'envoyer la photo de l'image...*

*15:24 - **Juan:** C'est mon ami René qui me l'a donnée, dans sa boutique..., et quand tu as commencé à tout me raconter, mes jambes ont flageolé, je ne pouvais pas le croire...*

*16:03 - **Mariela:** Noooon, je ne peux pas le croire, Juannn, c'est la même image...*

16:03 - ***Mariela:*** *Ouiiii .... C'est la même ... incroyable... nous sommes unis petit frère,....*

16:04 - ***Mariela:*** *Mais je suis la plus jeune... pour lever tous les doutes, hein!! Ahahah... Comme ça on ne se disputera pas pour savoir qui est le plus grand*

16:04 - ***Mariela:*** *Ahah, plaisantons, rions un moment car je ne veux plus pleurer, mon dieuuuu*

16:09 - ***Juan:*** *Quelle folie, non ??*

16:09 - ***Mariela:*** *Ouiiii, vraiment de la folie*

AUGURES, SYNCHRONICITÉS ET RÊVES

"La Dame de ses Pensées, sa Princesse Vision. A sa recherche, il est destiné pour Toujours. Seulement en Elle, il trouvera une parfaite résonance de Lui-Même" – Boris Mouravieff

Nous avons déjà parlé des augures et étrangetés dont fut marqué le voyage de Juan à Córdoba, ce voyage où il allait rencontrer María. Mais les bizarreries ou la magie ne s'arrêtèrent pas là. Quand Juan retourne dans sa ville, il croise sa soeur Laura, en rentrant chez lui. Et Laura le regarde en passant, mais en le saluant, elle s'arrête sur ses yeux, car il y a quelque chose dans les yeux de Juan, quelque chose qui attire l'attention de Laura, même si elle ne sait pas bien dire ce que c'est, mais son frère est différent; et elle lui dit que t'arrive-t-il, tu es différent, tu as le visage illuminé ou tu es plus beau, c'est que je suis beau, Laura, tu viens seulement de t'en rendre compte, demande Juan à sa soeur avec un sourire malicieux, ne te moque pas de moi, lui répond-elle, mais c'est vrai que tu es différent, tu dégages de la lumière. Et c'est qu'il y a de la lumière en Juan, et c'est évident, quelque chose s'est éveillé en lui, quelque chose qui a été endormie pendant des années, au point de penser que sa vie était à moitié remplie ou incomplète, une profonde nostalgie qu'il ressentait, de quelque chose qui n'avait pas de nom, et qui aujourd'hui, pourrait s'appeler Maria. Joli nom, pense-t-il, Maria, et il allume son ordinateur et vérifie ses mails, guidé par une intuition, et là, il y a un mail, marqué par l'augure du nom qui est beauté terrestre, mais aussi signe d'une autre dimension, là où les formes et les noms cessent d'être l'excuse et la possibilité, et Maria lui dit dans le mail qu'il lui pardonne, mais qu'elle doit le lui dire, j'ai quelque chose à te dire, Juan, et c'est que je t'aime, et tout ça est une folie, mais je t'aime. Maria aime Juan, et Juan se sent envahi par la lumière et de retour de l'exil de la nostalgie pour savourer le souvenir de sa plus profonde intimité et de son origine, et il continue à lire, et Maria lui raconte que ce matin, sa grand-mère, Tuntuna, lui avait rendu visite à son travail, comme tous les mois quand elle touche sa pension et passe dans le centre-ville, et en la voyant, elle lui dit, tu es différente, Maria, tu as quelque chose dans les yeux, tu regardes avec de la lumière, tu es radieuse, et je m'en réjouis beaucoup, ma chérie, tu le mérites, ma petite. C'est à ce moment-là que Maria se rend compte qu'une des plantes de sa cour a donné des fruits comme jamais elle ne l'avait fait, et elle sent que sa vie n'est plus la même, parce qu'enfin, elle sent la plénitude, elle est comblée comme sa plante dans la cour, et elle se demande si c'est lui, car elle a toujours su qu'il existait quelqu'un de spécial et unique quelque part dans l'Univers et qui lui était destiné, elle l'a toujours su, et est-ce lui, c'est la question qui résonne dans sa tête, pendant qu'elle lit avec une sérénité qu'elle n'a jamais connue, un livre d'amour que lui a prêté sa soeur, mais l'histoire romantique ne compte pas, elle le lit parce qu'elle se sent en paix et que peu importe qu'elle lise un journal ou un pamphlet, et est-ce lui se demande-t-elle et elle réfléchit. Et Juan agit dans sa vie comme s'il volait, rempli d'une sensation de religiosité, la meilleure version de lui-même, il réfléchit, et cherche, et perçoit en toute chose quelque chose d'elle, et il la trouve en tout et il la sent car Maria est en lui. Et ils entrent en contact toutes les nuits par internet et chattent pendant des heures, et Maria lui demande que regarde-tu en ce moment, Juan, et il lui décrit ce qu'il regarde par la fenêtre et elle lui dit raconte-moi, raconte-moi tout, car je veux tout savoir de toi, je veux voir par tes yeux, mon amour, et Juan lui dit que depuis le premier jour où il l'a connue, il se réveille tous les jours en pensant à elle, et il parle avec elle dans son coeur, car il la sent là, et comme il est sorcier et le lui dit, je suis sorcier, Maria, et comme sorcier que je suis, je sais que tous les jours de ma vie, je me réveillerais en pensant à toi, et tous les deux rient, ils rient beaucoup, mais comme Juan est sorcier, c'est ainsi que ça arrive..

***22 mai, 16:49 - Mariela:** Ça commence à faire BEAUCOUUUUUP, petit frère .... Je suis effondrée, mon ami, vraiment, je neeeeee compreeeend plus rien du tout ......*

*16:49 - **Mariela:** écoute..., j'emmène mon fils à son club pour l'entrainement et il me dit, maman, j'ai oublié de te dire que nous avons un nouveau prof, et je lui di ah bon que s'est-il passé,?... Pourquoi l'autre est-il parti?... un problème? Et il me dit, non maman... Ale (c'est son prof habituel) a un problème familial, alors ce nouveau prof va s'occuper de nous pendant un temps, il est âgé, plus que Ale ...*

*16:50 - **Mariela:** et quel âge t-il dis-je, en le taquinant-?... 59 (me dit-il)... et commet s'appelle-t-il, je demande, et il me dit José María ..... Et je suis restée figée, j'ai commencé à trembler à nouveau, Juan, c'est l'âge qu'il aurait et c'est le même nom...*

*16:50 - **Mariela:** Ahhhhhhhh, Juannn, moooon dieuuuuu, dis-moi quelque chooose*

*16:51 - **Juan:** À partir de maintenants José María va être avec toi*

*16:51 - **Juan:** Il est déjà avec toi*

*16:51 - **Mariela:** Je sens que je suis persécutéééé, Juannnn, je vais devenir folle*

*16:51 - **Mariela:** J'ai besoin de calme*

*16:52 - **Mariela:** Ouiii, mon ami, mais c'est beaucoup...*

*16:53 - **Juan:** Et peut-être que d'autres choses vont continuer à se manifester, mari....*

*16:53 - **Juan:** Garde ton calme*

*16:54 - **Juan:** C'est un TRÈS GRAND SIGNE*

*16:54 - **Juan:** Après ça, la paix atteindra ton coeur.. ce seront paix et équilibre....*

*16:54 - **Mariela:** Je ne peux arrêter de trembler, je sens toujours plus ces bulles ..... Mon corps me fait mal et encore une fois, je n'arrête pas de pleurer*

*16:56 - **Mariela:** Aideee-moi, pour l'amour de dieu, j'ai besoin de tranquillité et de ne plus penser..... À chaque fois que je sens que je suis plus calme et que je commence à accepter et gérer ce qui m'est arrivé ... Il m'arrive quelque chose de nouveau, Juan*

*16:58 - **Juan:** Mariiiii, je te comprends*

*16:59 - **Juan:** Je ne fais rien d'autre que te comprendre*

*16:59 - **Juan:** Je suis avec toi*

*17:00 - **Mariela:** ...Juan, en cinq jours ma vie a radicalement changé*

*17:04 - **Mariela:** Ahhhh, mon dieuuuu ......*

*17:07 - **Juan:** Moi aussi je suis gelé et il n'y a pas de « mate » chaud qui me sorte de la torpeur de ce froid*

*17:08 - **Juan:** Mais je sais que tout ça est SACRÉ*

*17:09 - **Mariela:** Petit frèèèèèère...... Promets-moi que tu ne vas pas me laisser seule avec ça, s'il te plait,..........*

*17:10 - **Juan:** Je te le promets*

*17:10 - **Mariela:** Merciiiii*

*17:10 - **Juan:** Et tu sais que je crois aux pactes*

*17:12 - **Mariela:** Oui je le sais,... Moi aussi je crois aux pactes,.... J'en ai fait un seul dans ma vie, et maintenant il se manifeste comme tu me le dis*

*17:12 - **Mariela:** C'est ça, Juan?*

*17:12 - **Mariela:** Le pacte que j'ai fait avec José María???*

*17:12 - **Juan:** C'est ça*

*17:13 - **Mariela:** C'est que je veux me convaincre et trouver un peu de repos*

*17:13 - **Juan:** Mais pas avec ta tête, mari*

*17:13 - **Juan:** Seulement avec le coeur*
*17:14 - **Juan:** C'est un sujet Stellaire*
*17:14 - **Mariela:** Noooon, Juan, je sais*
*17:14 - **Mariela:** C'est pour ça que je suis dans cet état*
*17:14 - **Mariela:** Et que je me sens comme ça*
*17:14 - **Mariela:** Je ressens, Juan, je resseeeeens*
*17:15 - **Mariela:** Et c'est quelque chose que j'avais bloqué le jour de ce pacte*
*17:15 - **Juan:** José María est dans ton coeur*
*17:15 - **Juan:** Tu ne fais qu'un avec lui*
*17:15 - **Mariela:** Ahhh, Juann, je voudrais l'avoir près de moooooi*
*17:16 - **Juan:** concentre-toi sur lui...*
*17:16 - **Mariela:** Bien qu'il soit dans mon coeur*
*17:16 - **Juan:** Il est près de toi, mari*
*17:16 - **Juan:** Il est en toi dans la réalité*
*17:16 - **Mariela:** Je le sens, Juan, je le sens*
*17:16 - **Juan:** On ne peut séparer ce qui a toujours été uni*
*17:17 - **Juan:** Fie-toi à cette certitude*
*17:17 - **Mariela:** Oui, mon ami, mais ça me fait maaaal ......*
*17:17 - **Juan:** Tout va guérir maintenant*
*17:18 - **Mariela:** J'espère petit frère, j'espère...*

On ne supporte pas le regard des fous, c'est impossible, ils te regardent et c'est comme s'ils saccageaient ton esprit et ils te le laissent emmêlé, en vrac, dit Maria à Juan, pendant une sieste dans un hôtel de Junin où ils avaient fait une escapade un week-end, profitant d'un travail qu'il devait faire. Et ils parlent de folie car l'amour qui les consume est une histoire de fous. Un feu qui les cuit tous les deux, une extase qui est au-delà de n'importe quelle autre histoire qu'ait pu vivre Maria, passé riche en épreuves et en arrangements, et inutile de parler de Juan, si léger et singulier. Et quand on a des relations intimes avec quelqu'un, il reste chez la femme de subtiles fibres éthérées qui la lie à l'homme pour sept ans, des hommes vampires qui sucent l'énergie de la femme, comme s'alimente un embryon à travers le cordon ombilical, et c'est que nous sommes comme des mères, et c'est pour ça qu'elles reviennent avant les sept ans, car elles sentent qu'elles perdent le lien, elles le perçoivent. Mais il y a un autre type de lien, beaucoup plus rare et beau, dit Maria à Juan, qui repose contre sa poitrine pendant cette sieste à l'hôtel de Junin, après avoir fait l'amour avec cette magie propre à la chair et à l'esprit. C'est le lien de la cordelette rouge, raconte Maria comme si elle racontait une histoire à un enfant, pendant qu'elle caresse les cheveux de Juan, qui l'écoute, concentré sur ses paroles, comme s'il n'existait rien d'autre au monde, une cordelette rouge qui unit mystérieusement deux personnes, un lien que seul l'oeil du coeur peut voir, et qui comme une intuition ou savoir interne s'exprime dans la vie de chacun, quand les leçons sont apprises et les dettes soldées et alors, ils se souviennent qu'ils sont essentiellement un. Cette cordelette ou fil rouge qui les unit fait, que même séparés et éloignés, les coeurs jumeaux sont connectés spirituellement et s'aident dans les épreuves difficiles. Car il arrive que lorsqu'on en a besoin, l'autre apparait, et c'est ainsi que cela fonctionne, raconte Maria à Juan, et tu es apparu à un moment spécial de ma vie, et moi, ça faisait trente ans que je te cherchais, lui dit Juan, avant d'éteindre les paroles de Maria avec un baiser et de lui faire l'amour avec la magie propre à deux personnes liées par un fil ou une cordelette rouge.

23 mai, 8:41 - Mariela: *Juannnnnn comment vas-tu???*

8:42 - ***Mariela:*** *J'ai rêvéééééééé de José María...... c'était lui, Juan, c'était lui, je ne pouvais pas le voir dans le rêve, mais je sais que c'était lui... , ce fut une sensation d'être dans ce rêve pendant des* *heures et quelques secondes à la fois,... Je ne sais pas si tu me comprends????*

8:42 - ***Juan:*** *Oui*

8:42 - ***Mariela:*** *La seule chose dont je me souviens, c'est qu'une voix me dit: "Ma petite grande femme, je n'ai jamais quitté ton âme, je suis à l'intérieur de toi et nous serons un pour toute l'éternité..." j'ai senti comme si un courant d'air m'étreignaiiiiiiiit, Juan, je l'ai sentiiiiii........mon dieuuuuuuu*

8:43 - ***Mariela:*** *et je me suis réveillée .... Très agitée, pleurant, avec une douleur à l'âme qui me brûlait et les bulles qui montaient et descendaient je ne sais pas comment l'expliqueeeer....*

8:43 - ***Juan:*** *Il est en toi*

8:43 - ***Mariela:*** *J'ai essayé de me calmer et de respirer profondément et je n'ai pas pu me rendormir ... Maintenant c'est comme si je me sentais au-delà- de tout, je ne sais pas si tu comprends...???*

8:44 - ***Juan:*** *Je te comprends parfaitement*

8:44 - ***Mariela:*** *mais je ne sens plus cette douleur qui me brûlait, les bulles je les sens de moins en moins, c'est très étrange comme je me sens, un mélange de tristesse et de soulagement ou de calme, je ne sais comment l'expliquer.....*

8:44 - ***Mariela:*** *Ahhhh, Juannnnn*

8:45 - ***Mariela:*** *Aide-moi à comprendre ....s'il te plait... Que m'arrive-t-il maintenaaaaaant???????*

8:45 - ***Juan:*** *C'est une sensation différente...?*

8:45 - ***Mariela:*** *Ouiiiiii, très différeeeeente....*

8:45 - ***Juan:*** *Tu es en train de t'aligner avec ta nouvelle composition énergétique*

8:45 - ***Juan:*** *Jusqu'à ce que tu t'habitues, tu vas te sentir bizarre*

8:46 - ***Mariela:*** *Tu ne sais pas comme je me sens bizaaaaarre*

8:46 - ***Mariela:*** *Ça me fait peur de me sentir ainsi ... Parce qu'en vérité, je ne sais pas comment l'expliquer avec des mots..*

8:47 - ***Juan:*** *Et si tu n'as pas pu voir son visage*

8:47 - ***Juan:*** *C'est parce qu'en réalité, il est énergie*

8:47 - **Juan:** *Tu reconnais cette énergie*

8:47 - **Juan:** *Il n'y a plus besoin de têtes... de visages...*

8:47 - **Juan:** *Il a du avoir mille visage dans l'éternité*

8:47 - **Mariela:** *Nooon.. c'était quelque chose d'étrange...*

8:48 - **Juan:** *Moi, par exemple*

8:48 - **Mariela:** *J'ai senti comme un courant d'air qui m'étreignait*

8:48 - **Juan:** *Bien que j'ai vu Maria beaucoup de fois*

8:48 - **Juan:** *Je ne peux toujours pas avoir une image mentale de María .... Je ne peux me rappeler son visage*

8:48 - **Juan:** *C'est incroyable*

8:48 - **Juan:** *Et je l'ai vue beaucoup de fois dans ma vie*

8:49 - **Juan:** *Mais je ne peux pas*

8:49 - **Mariela:** *Et pourquoi est-ce que ça t'arrive...?*

8:49 - **Juan:** *Les formes des visages vont et viennent*

8:49 - **Mariela:** *C'est incroyable, mon dieuuuu*

8:50 - **Juan:** *C'est RÉEL*

8:50 - **Juan:** *En plus ta fille te l'a prédit*

8:50 - **Mariela:** *Ouiiiii*

8:50 - **Mariela:** *Très RÉELLLLL*

8:50 - **Juan:** *Elle t'a dit*

8:51 - **Juan:** *Tu peux te connecté avec lui.... t'aligner*

8:51 - **Juan:** *Et tu l'as fait*

8:51 - **Mariela:** *Ce fut le rêve, Juan*

8:51 - **Mariela:** *Je l'ai senti comme çaaaaaaa*

8:51 - **Juan:** *Je sais*

8:52 - **Mariela:** *Je ne peux dire combien il dura*

8:52 - **Mariela:** *Mais ce fut comme ça... ça arriva et je l'ai sentiiiiii*

8:52 - **Juan:** *Dans l'éternité, il n'y a pas de temps*

8:52 - **Mariela:** *Et je sais que c'était lui*

8:52 - **Juan:** *Je sais cela, mari...*

8:52 - **Juan:** *À partir de maintenant, tu vas pouvoir te connecter avec lui...*

8:53 - **Mariela:** *Je sens de la tristesse, Juan*

8:53 - **Juan:** *Quand tu l'invoqueras*

8:53 - **Juan:** *Oui, je sais mari*

8:53 - **Mariela:** *Je me sens très triste*

8:53 - **Juan:** *Tu vas aller et venir, mari, entre tristesse et bien-être, ces jours-ci*

8:54 - **Mariela:** *Bien que la douleur déchirante ne soit plus la même que les premiers jours*

8:54 - **Mariela:** *Mais, beaucoup de tristesse*

8:55 - **Mariela:** *Je crois que la tristesse que je ressens, c'est parce que je pense à ce qui serait arrivé si j'avais décidé autre chose au moment du pacte....*

8:55 - **Juan:** *Mariela*

8:55 - **Juan:** *Écoute-moi bien*

8:56 - **Juan:** *Rien ... vraiment rien ... n'aurait pu être différent*

8:56 - **Juan:** *Tout a été comme ce devait être*

8:56 - **Juan:** *L'illusion c'est de penser que nous sommes les décideurs...*

8:56 - **Juan:** *Et ce n'est pas ainsi... nous ne le sommes pas*

8:57 - **Juan:** *Tout arrive....*

8:57 - **Juan:** *Et dans le plan et le pacte que vous fîtes...*

8:57 - **Juan:** *Les choses étaient ainsi... elles devaient être ainsi...*

8:57 - **Juan:** *Alors se culpabiliser ou s'arrêter sur le temps*

8:57 - **Juan:** *Est vain*

8:57 - **Mariela:** *Bon ne me défie pas... C'est que parfois je suis trop rationnelle..... Je sais que je ne dois pas le faire... mais pour moi, en six jours, ça a été trooooop, Juan, tu me comprends?*

8:58 - **Juan:** *Je te comprends complètement*

23 mai, 9:07 - Mariela: *Tu connais la chanson: pupilles lointaines??? Elle est des Pericos*

9:07 - **Mariela:** *Je suis monté en voiture et j'ai allumé la radio et il y avait ce morceau*

9:08 - **Mariela:** *"Du temps au temps, je dois attendre... ton regard pénètre à nouveau mes pupilles lointaines..."*

9:09 - ***Juan:*** *Oui*

9:09 - ***Juan:*** *Je la connais*

9:09 - ***Mariela:*** *Je ne sais pas pourquoi, mais cette partie a attiré mon attention*

9:09 - ***Juan:*** *L'univers a l'habitude de nous parler sous des formes variées et subtiles....*

9:09 - ***Mariela:*** *Par moments, je me sens poursuiviiie, Juannn*

9:10 - ***Juan:*** *Tu sais... hier j'ai commencé à créer un dossier*

9:10 - ***Juan:*** *Avec le nom de cette histoire qui va devenir un livre...*

9:10 - ***Mariela:*** *Ouiiiii???*

9:10 - ***Mariela:*** *Quel nom???*

9:12 - ***Juan:*** *"PACTES D'AMOUR"- La Vérité Sacrée des Âmes Jumelles -*

9:13 - ***Mariela:*** *Ouiiiiii, Juan, ouiiii*

9:13 - ***Mariela:*** *C'est ça*

9:13 - ***Juan:*** *Oui. J'ai l'impression que c'est ça...*

9:13 - ***Mariela:*** *Ouiii c'est çaaaa, Juan, çaaaa...*

9:13 - ***Mariela:*** *Comme ça, sans rien ajouter, c'est ça*

Juan décide d'écrire l'histoire. Un après-midi chez lui, absorbé par des réflexions sur tout ce qui arrivait, il sent l'élan clair et net qu'il doit l'écrire. Il se dirige vers l'ordinateur et crée un fichier texte, fidèle à ses rites d'écrivain, et c'est que Juan a l'habitude de commencer avec un titre, même si ce titre change beaucoup par la suite et presque toujours termine en un autre très différent, et ensuite de préparer des épigraphes et de se reposer sur un prologue ou s'appuyer sur une préface, et ainsi se déroule le rite initiatique de remplir le vide, de réduire le saut dans l'inconnu de la première page blanche. Mais cette fois, ce fut seulement le titre, et il sut d'une intime certitude que celui-là n'allait pas changer. Écrire pour Juan c'est passer au tonal ce qui affleure dans le nagual, de le mettre en parole comme on peut, ainsi l'expliquerait un autre Juan, Don Juan Matus, et c'est que Juan a coutume de dire que c'est un sorcier, à moitié en plaisantant et à moitié sérieusement, et que son art c'est d'écrire avec magie, ou depuis l'esprit, ou simplement de transcrire, car quand il se connecte, il entend une voix qui lui dicte à l'oreille. Et le côté magique s'exprime cette fois en finissant par « enter » le titre qu'il a écrit et qui sera le titre de ce livre, car Juan voit se dérouler sur l'écran de son ordinateur, une à une les milliers de lignes de mots qui racontent cette histoire, y compris celle qui s'écrit maintenant, à cet instant précis. Ce sont des lignes qui se succèdent devant lui, et Juan pense que cette histoire est déjà écrite, et c'est la commande de l'esprit, une histoire qui est déjà un livre, étrange augure de voir écrit ce qui n'est pas encore écrit.

23 mai , 9:46 - Mariela: *Pendant de nombreuses années, il y eut une chanson qui, depuis la première fois où je l'écoutais, me marqua profondément, c'est même plus, pendant très longtemps, je l'eus comme sonnerie d'appel sur mon portable, et ce morceau s'appelle "LA SOLITUDE" des Bersuit.... Je ne sais pas si tu connais ce morceau, Juan??? ... Mais écoute les paroles... Et maintenant je perçois différentes raisons pour lesquelles ce morceau m'a tant marquée, parce que chaque nuit de ma vie depuis ce pacte que je fis et que je bloquais et oubliais d'une telle façon José María, qui ne fut plus jamais dans mes pensées... je t'avais déjà dit cela? Tu te souviens?... Je me suis toujours sentie seule depuis cet instant et maintenant je sais que c'est pour ça, et que cette solitude me désespérait, et même en me sentant seule, je ne me souvenais pas de lui, mais aujourd'hui je me rends compte que c'est pour ça que cette chanson m'a marquée, et je te raconte ça maintenant parce qu'ils l'ont passé à la radio récemment, Juan...*

9:46 - **Mariela:** *Je voulais te le raconter ...*

9:56 - ***Juan:*** *Oui mari*
9:57 - ***Juan:*** *C'est ainsi*
9:57 - ***Juan:*** *Quelle grande leçon, non?*
9:59 - ***Juan:*** *Raconte-moi tout...*
9:59 - ***Juan:*** *Parce que tout va être dans ce livre*
10:00 - ***Juan:*** *Tout ... tes sensations .... tout*
10:05 - ***Mariela:*** *Bon, petit frère.... Ma vie est en train de se distordre d'une manière que je ne peux t'expliquer... le pacte, avant le pacte ....je crois que mon coeur est en train de s'ouvrir, Juan, et tout ce que j'avais bloqué est en train de se réveiller, je ne sais pas comment le dire.... nous avons vécu tant de choses avec José María en si peu de temps, Juan .... Maintenant je vois et je regarde d'ici ce dont nous parlions à ce moment-là (que je prenais parfois pour des plaisanteries), je ne sais pas si tu me comprends... et AUJOURD'HUI je me rends compte que C'ÉTAIT, CE FUT et SE SERA ainsi qu'il me le disait toujours avec ses sages paroles...*
10:06 - ***Juan:*** *Oui*
10:06 - ***Juan:*** *Une grande leçon*
10:06 - ***Juan:*** *C'Était, c'Est et ce Sera*
10:07 - ***Juan:*** *"La Vérité Sacrée des Âmes Jumelles "*

SOUVENIRS

"D'autres, au contraire, sont presque comme des étoiles; ils suivent le chemin fixé, et aucun vent ne les atteint, car ils portent à l'intérieur, leur Loi et leur But." - Bouddha

23 mai, 10:30 - Mariela: *Je veux te raconter quelque chose dont je me suis souvenue, qui m'est arrivé avec José María deux jours avant le pacte*

10:31 - ***Mariela:*** *Je ris quand je m'en souviens, ahah*

10:34 - ***Mariela:*** *Ce fut le dernier jour où nous fîmes l'amour...*

10:44 - ***Mariela:*** *Je me souviens de ce jour en particulier, où nous fîmes même l'impossible pour nous voir un moment (parfois il nous suffisait d'être ensemble 10 minutes et cela nous remplissait l'âme) je ne sais pas si on s'en contentait, mais à ce moment-là on ne pouvait pas pour différentes raisons, lui de son côté et moi du mien, nous ne pouvions pas, en fait c'était moi qui ne pouvait pas en général, surtout à cause de ma situation et autres bêtises.... Bon, et je me souviens de ce jour (pendant que je t'écris, Juan, je souris et ça me remplit l'âme)... bon, ce jour-là nous nous sommes rencontrés en cachette (préparant de nombreux détails et autres) et nous sommes allés à son gymnase, c'était en pleine nuit, ahah,.... Et je me souviens que nous nous sommes assis sur des tapis, devant un grand miroir qu'il avait... Nous jouions comme si nous étions des enfants à des jeux d'enfants, Juan, ahah, mais en vérité, je me souviens et je ris, ahah, bon... nous nous sommes déshabillés et il m'enlaça par derrière, nous nous regardions dans le miroir et il me disait, ainsi* *nous allons toujours rester ensemble pour l'éternité..., c'est ça la vérité de notre amour sacré..., nus dans l'âme et le coeur d'un amour comme le nôtre, si sacré, et nos regards seront toujours face à face, et là, nous fîmes l'amour, Juan, ce fut quelque chose de si magique et inexplicable que je sentis que je touchais les cieux, l'univers ou quoi que ce soit avec mes mains, nous ressentîmes tous les deux la même chose, je le ressentis et lui aussi le ressentit, Juan..... C'était une sensation au-delà de ce qui est imaginable de pur, de réel, de merveilleux et sacré que j'ai pu ressentir dans toute ma vie.... Mais en même temps je ressentais presque de la douleur dans mon âme, je ne sais pas si tu comprends, et ce jour, après avoir fait l'amour, je me suis mise à pleurer de façon inconsolable et José María me dit avec ses sages paroles et les yeux pleins de larmes, ma petite grande femme, ne pleure pas car nous allons être unis dans nos âmes et nos coeurs pour toujours et dans l'éternité, et nous nous étreignîmes si fort, si fort, Juan, que nous étions un dans cette étreinte, ce que nous ressentions était un mélange de sensations incroyablement belles.... C'était deux jours avant le pacte... Et maintenant je vois que ce jour-là à son gymnase, au plus profond de nous, nous savions tous les deux que que ce pacte, nous allions le faire sans en avoir parlé ... Bon je voulais te raconter cela, petit frère...*

10:54 - ***Juan:*** *C'est très beau, petite soeur*

10:54 - ***Juan:*** *J'en ai les larmes aux yeux*

10:55 - ***Juan:*** *Et je me souviens que pendant le premier café que nous avons pris, je t'ai demandé si tu avais déjà été amoureuse, tu te souviens?*

10:55 - ***Juan:*** *Et tu m'avais dit"non"*

10:57 - ***Mariela:*** *Oui... je t 'avais dit que non*

10:57 - ***Mariela:*** *Ce fut un autre blocage dans ma tête de toujours dire que je n'étais jamais tombée amoureuse...*

10:58 - ***Mariela:*** *Mais ce fut plus que tomber amoureuse...*

10:58 - ***Mariela:*** *L'AMOUR était SACRÉ et SUPRÊME (je ne sais pas si c'est le bon mot) Mais c'Était ainsi, ce Fut et ce Sera*

10:59 - ***Juan:*** *Oui*

10:59 - ***Juan:*** *Il n'est pas de ce monde*

11:00 - ***Juan:*** *AMOUR SACRÉ*

11:00 - ***Juan:*** *L'Amour des Âmes Jumelles*

11:00 - ***Mariela:*** *Ouiiii de l'autre monde, ce monde qui existe et qu'aujourd'hui grâce à Dieu ... et à toi... et à ce qui est arrivé... je perçois*

11:00 - ***Mariela:*** *Moooon Dieuuuuu*

11:01 - ***Mariela:*** *ahah je me souviens du jour où il vînt au travail, après avoir appelé... la première fois ... que nous reconnûmes nos voix...*

11:01 - ***Mariela:*** *Je te raconte après*

11:01 - ***Mariela:*** *Ce fut très drôle*

11:02 - ***Mariela:*** *Parce que la première chose qui me vint à l'idée fut de le houspiller, comme qui dirait le maltraiter*

11:02 - ***Mariela:*** *ahahahah*

11:02 - ***Juan:*** *ahahahahah*

11:02 - ***Juan:*** *Pourquoi sommes-nous si stupides, parfois ??*

11:03 - ***Mariela:*** *Ouiii, c'est comme ça....ahahah*

23 mai, 11:20 - *Mariela:* *Tu te souviens que je t'ai raconté, qu'un jour le téléphone sonna à mon travail..., je décroche comme d'habitude et je dis, allo et on me dit à l'autre bou, bonjour petite (ça me parut déjà étrange) et moi, pour être polie, je dis, bonjour que désirez-vous, et il me dit, je suis José María est-ce que Gustavo est là (Gustavo était mon patron) .. Et je lui dit non... il n'est pas là, vous voulez lui laisser un message (pendant ce temps, Juan, je sentais quelque chose de très bizaaaaarre à l'intérieur de moi)... et il me dit, non merci, belle femme, et je lui dit, bon, bon ça va, c'est bon, (je me souviens que ce jour-là, je n'étais pas bien, je m'étais disputée avec mes parents et tout m'agaçait, j'étais de mauvaise humeur, ahah)... et je lui dis avez-vous besoin d'autre chose, je suis occupée, donc si vous le permettez, je vais raccrocher, et il ne dit rien et je raccrochais.....*

11:21 - ***Mariela:*** *Bon, je raconte à mon patron qui a appelé, et on en reste là, j'ai continué ma journée et ce fut tout.... Deux jours* *plus tard, un homme arrive au bureau, je vais m'en occuper, mais avant de m'en occuper, j'ai de nouveau senti quelque chose d'étrange..., et quand je lui dit bonjour, que désirez-vous, c'est vous qui m'avez répondu au téléphone, l'autre jour? .. Et je lui dit que je répond à cinq-cents appels par jour, je ne sais pas, qu'est-ce que j'en sais, peut-être, dites-moi ce que vous désirez... et il me dit, vous savez qui je suis (et là, quand il me dit ça, je me rendis compte que c'était lui, celui dont la voix m'avait faite sentir bizarre...) mais comme ma fierté l'emporta, ahah.... Je lui dit, Ce qui me manquait c'est d'écouter des bêtises à cette heure de la journée, dites-moi ce que vous voulez car je suis très occupée et j'ai besoin de continuer à travailler... ahahah, quelle idiote je fus, mon dieuuu, mais bon,,... Et juste à ce moment, mon patron entre et lui dit, mon ami José María comment vas-tu?... Quand es-tu rentré de voyage?... (lui dit mon patron)... et lui me regarde, avec un regard étrange..., j'étais muette, et il s'approche de mon patron et ils se donnent l'accolade, et mon patron me dit, je ne suis là pour personne, Mari, je vais prendre un café avec mon ami ... Et pendant qu'ils partaient, je ne pouvais détacher mes yeux et lui me dit, avec ses sages paroles, vous savez et avez su qui je suis... petite femme... et il sourit, comme pour confirmer ce qu'il me disait, qu'il en était ainsi ...... Et je me souviens que je baissais les yeux et commençais à ressentir des choses étranges, comme si quelqu'un, que je n'avais vu qu'une seule fois,me manquait de manière incompréhensible... Tu comprends, Juan????*

*11:21 - **Mariela:** Bon... voilà... je me souviens du jour où je l'ai rencontré..., maintenant, je m'en souviens et je ris beaucoup, ahahah..... Et vraiment je ne l'ai pas bien traité, ahaah.....*

*11:25 - **Juan:** À chaque fois que je lis ces bribes que tu me racontes, je suis ému, Mariela*

*11:25 - **Juan:** L'histoire est en train de s'écrire, seulement l'histoire*

*11:25 - **Juan:** « La Vérité Sacrée des Âmes Jumelles"*

*11:26 - **Juan:** Ouiiiiii, Juan...ouiii*

11:29 - ***Mariela:*** *Juan, nous n'avons été ensemble que 6 mois, 12 jours et 6 heures... jusqu'au dernier jour du pacte ... Ahhhh, mon dieu.. pourquoi je me souviens du temps précis où nous étions ensemble..., c'est quelque chose que j'ai gardé et oublié le jour où nous fîmes le pacte.... C'est de la foliiiiiiie...... Juan.....*

11:39 - ***Juan:*** *Tu sais*

11:39 - ***Juan:*** *Je ne te l'ai pas raconté*

11:39 - ***Juan:*** *Que ces 6 mois et 12 jours et 6 heures*

11:40 - ***Juan:*** *C'est ce que dura ma relation avec María*

11:40 - ***Juan:*** *Quand je la connus*

11:40 - ***Juan:*** *Cette magie initiale dura six mois*

11:45 - ***Mariela:*** *Noooooooon*

11:46 - ***Mariela:*** *C'est trooooooop*

11:50 - ***Mariela:*** *Pourquoi ne me l'avais-tu pas dit?*

11:53 - ***Juan:*** *Je ne sais pas*

11:54 - ***Mariela:*** *Tout est lié, Juannn*

11:55 - ***Juan:*** *Oui*

11:55 - ***Juan:*** *Incroyable*

Six mois, douze jours et six heures, ce fut la durée de la première relation de Juan et Maria. Delire de poète inspiré, sexe de miel et dieu, crucifixion des stigmates dans le coeur, lumière et ombre à parts égales. Juan dit à María qu'il y a de la nostalgie dans son regard, nostalgie de lune, comme une profonde tristesse ou une lointaine douleur. Mais aussi, le regard clair d'une femme qui a une étoile, car María a une énergie incroyable, pense Juan, et cette énergie divine le trouble dans la chaleur du premier amour. Parce que tu es la femme la plus belle du monde, María, tu sais, lui dit-il. Et en plus, sage, la personne la plus sage qu'il ait jamais connu, et pourtant Juan est toujours en quête de la vérité, et a toujours été très inquiet et curieux dans la vie et a connu des personnes très spéciales. Mais la sagesse de María résonne dans tout son être, il la reconnait. Je suis un homme chanceux, lui dit-il, de t'avoir trouvée, et aussi très vieux, dit une fois Juan à un collègue de travail qui le regarda avec perplexité et pensant que Juan était fou, bien que tu aies dix ans de plus que moi, crois-moi, je suis beaucoup plus vieux que toi, je suis une âme très ancienne, et il le regarde avec des yeux chargés de siècles jusqu'à ce qu'ils rient et changent de conversation. Et María, une nuit, un peu saoule, au cours d'une sortie dans les bars, de celles dont ils profitent tous les deux, car ils peuvent passer des heures et des heures à parler, lui dit, je suis une âme très ancienne Juan, j'ai pratiquement tout appris ou soldé du planning de mon existence, je sais que c'est ma dernière incarnation, car je suis une vieille âme, Juan, lui dit-elle éméchée, et Juan l'embrasse, car tout résonne dans son âme, et il préfère ne rien dire. Je suis ton miroir, Juan, tout ce que tu vois en moi est en toi, bien sûr que c'est en moi, mais je ne le vois qu'en toi, mystérieuse énigme des miroirs, le réveil de l'âme dans un reflet. Et Juan sent que la vie est un rêve, et María rêve de Juan, grand, enveloppant. Hier soir j'ai rêvé de toi, lui dit-elle, et tu étais énorme et tu avais beaucoup d'autorité, et tu occupais tous les espaces et tu étais dans tout, et j'ai désiré vivre pour toujours en ce lieu sans espaces, ni recoins et plein de toi, lui dit María, et Juan aussi rêve d'elle et il s'en souvient encore, car l'amour qu'il ressentit dans ce rêve le brûle, son intensité lui faisait mal, un amour comme il n'aurait jamais imaginé éprouver, avec quelque chose d'adolescent, mais multiplié jusqu'aux fleurs, et avec quelque chose d'ancien, mais vital dans l'éternité. Et aussi avec quelque chose d'un autre amour, peut-être le vrai, l'impersonnel, celui qui est en tout. Rêve et réalité, magie qui survient pendant ces six moi, douze jours et six heures. Sortilège d'amour sacré dans le coeur et dans l'âme. Mais tel qu'il est écrit, il y a encore des ombres en María, malgré elle, et la peur de perdre le contrôle et de ne pas gérer la situation, la paralyse, car elle est de terre et de métal, et a besoin d'avoir les pieds bien plantés au sol et de se sentir en sécurité. C'est toi, demande-t-elle à Juan, c'est toi, dis-moi, c'est toi, et Juan se sent honoré par la question, mais ne dit rien, car il ne sait pas très bien ce qui lui arrive, il se sent malade d'amour et planant, car lui est d'air, et il aspire à respirer en elle, à chaque instant de sa vie, mais les ombres de María, qui rafraichissent l'après-midi et l'automne, font de Juan un hiver déchirant, et tout dure six moi, douze jours et six heures.

23 mai, 12:46 - Mariela: *Je continue à me souvenir de choses que je croyais oubliées, des détails, des paroles, Juan, de la façon dont ils se sont succédés jusqu'au jour de notre rencontre, seuls, face à face ...*

12:47 - ***Juan:*** *Raconte-moi tout ce qui te vient à l'esprit, Mari ... tout...*

12:48 - ***Juan:*** *Tout va figurer dans l'histoire*

12:48 - ***Mariela:*** *Ahhh ouii, laisse-moi l'écrire, tout est emmêlé, mais en même temps clair*

13:37 - ***Mariela:*** *Ce jour-là, c'est ce qu'il s'est passé..., je l'ai attaqué, et ce que je t'ai raconté, ahah ....et le jour suivant j'arrive au travail, et mon patron me dit, que se passe-t-il entre toi et José María, pour qu'il me demande ton téléphone??... Et il rit et moi je lui demande s'il lui a donné,??... Et Gustavo me dit, oui, c'est mieux, pourquoi ne lui aurais-je pas donné, et je restais figée, et je lui dit, non, c'est bien, pas de problème.... Et il appela à la maison le samedi suivant, à l'heure de la sieste, ma mère lui répondit, moi je dormais, et quand je me suis réveillée, ma mère me dit, Mariela, un certain José María t'a appelée, qui est-ce? Tu ne serais pas en train de t 'embarquer dans une bêtise, hein? Fais attention à ce que tu fais, hein ..? On ne peut pas toujours suivre son coeur, dans la vie... Ma mère me disait, cela sans me laisser le temps de répondre, et cela me mit en colère contre elle, et je luis dis, ne me dis plus jamais rien, OK?, je sais ce que je fais ou ne fais pas, et elle me dis, tu vas commettre une erreur, je le sais, (principes de merde dans lesquels on m'a élevée et que j'ai, hélas, suivis...), et je lui dis, tu n'as aucune* *idée de qui il est, ne parle plus..., et ma mère me dit, tu dois faire ce qui est bien, un point c'est tout, parce que la vie est ainsi... Et je suis restée muette et les choses en sont restées là...., il ne rappela pas ce jour-là, et moi je grimpais aux murs, Juan, et je réféchissaiiiis ... Un peu inquiète, en attendant un nouvel appel je ressentais un mélange d'angoisse et de quelque chose d'étrange et beau, dans mon coeur, et je continuais à me surprendre, Juan, de ce que je ressentais.... Et tout ça pour quelqu'un que je n'avais vu qu'une seule fois, jusque là ....*

*13:38 - **Mariela:** Bon, les jours passèrent, le week-end passa, les heures et les jours se firent très longs, et le téléphone qui sonnait et ce n'était PAS lui... Et je ressentais de plus en plus le besoin de le voir, de le regarder, je ne sais pas, quelque chose d'étrange, (mon dieuuu, tu vois j'ai tout bloqué... et je suis en train de me souveniiiir, petit frèèèèère) c'eeeeest de la foliiiiiie.......*

*13:38 - **Mariela:** Cette semaine-là, je ne sus rien de lui, il ne rappela pas au bureau et ne vins pas non-plus, imagine mon angoisse, je sentais que je devais le revoir, je sentais qu'il devait en être ainsi, mais en même temps, je ne faisais rien pour que ça arrive, ma fierté peut-être, les principes habituels et toute cette merde dans laquelle on t'élève.... Bon, le vendredi arriva, et l'anniversaire de la femme de mon patron (Viviana), avec qui j'entretenais d'excellentes relations, nous n'étions pas des amies, mais le courant était toujours passé entre nous et avec mon patron aussi, il m'avaient aidée en beaucoup d'occasions et j'en fis de même pour eux, c'était une belle relation que nous avions, une relation de confiance, (j'ai travaillé 12 années là-bas)... bon, ce jour-là, j'appelle Viviana chez elle depuis le bureau et je lui souhaite bon anniversaire et elle me dit, je t'attends ce soir, mon amie, ce sera tranquille... mais viens, je veux que tu sois là, et je lui dis, je viens seule ou avec Jorge (mon fiancé à ce moment-là et mon ex maintenant), et Vivi me dit, écoute, mon amie, tu fais comme tu veux, tu viens seule ou accompagnée, c'est égal, mais préviens-moi pour que je sache, c'est tout..., et je lui dit aussitôt je viens seule, c'est décidé,.... Et elle me répondit génial, je t'attends, mon amie,.....*

13:39 - ***Mariela:*** *Bon, petit frère, la soirée arriva, j'étais très nerveuse et je ne savais pas pourquoi.., j'essayais de ne pas penser à José María, mais je l'avais tout le temps dans la tête, bon, je partis en taxi, je n'avais pas de voiture à ce moment-là, mon patron et Vivi habitaient relativement près de chez moi,... et j'arrive, je dit bonjour à Vivi dans le salon, je lui donne son cadeau, et pendant ce temps, j'entends des éclats de rire, venant de la cuisine, et je me dis, c'est lui..., il est là.... Et mes jambes ont commencé à trembler, je suis devenue nerveuse, et essayant de cacher mon état, je m'approche de la cuisine, et je fais un salut général, il y avait différents amis de mon patron et des amies de Vivi aussi, et j'entends José María qui dit, on ne dit pas bonjour comme ça, petite, (cela me mit très en colère qu'il dise ça, j'étais fâchée contre lui), ahah, une idiote, il était en train de me faire honte devant tout le monde, ahah.... Et je lui dis avec ma plus parfaite tête de mule, bon et bien dis-moi comment on dit bonjour?... Et lui me dit, tu t'approches de chaque personne et tu la salues avec une bise, et moi je me fâchais davantage, ahah... et je lui dis, tu salues comme ça..., moi je ne salue pas comme ça, OK???, nous nous affrontons tout le temps depuis la dernière fois, lui dis-je... et lui me sourit avec ironie, et je poursuis..., alors, s'il te plait, je te demande, que nous en restions là, OK???, merci..., et il continuait à sourire ironiquement, et tous ceux qui étaient là souriaient aussi, car ils pensaient que nous en faisions un peu trop, mais je parlais sérieusement, et il me regardait en souriant et il resta silencieux....*

13:39 - ***Mariela:*** *Et bon, je m'assois en face de lui, de l'autre côté de la table... L'anniversaire se poursuivait tranquillement, une conversation par-ci, une conversation par-là avec tout le monde et bon, tout ce qu'il se passe dans une soirée d'anniversaire,,... À un moment je me lève pour aller aux toilettes,... Je sors des toilettes et qui est là, à l'extérieur,????... José María..., et je lui dis, pour continuer à le contrarier.... car j'étais encore fâchée, ahah... Tu me suis???... Arrête de m'emmerder avec tes blagues stupides, parce que tu vas me trouver et je ne veux pas t'insulter ok????.... Et il me* *regarde, il s'approcha tellement de moi que je commence à trembler, Juan...., et il me dit, regarde-moi dans les yeux..., et moi, je ne pouvais pas, et il me dit, allez, lève-toi et regarde-moi dans les yeux..., j'ai besoin de te regarder..., et je levais la tête et le regardais dans les yeux..., et là, il me dit..., je t'ai trouvée et toi aussi tu m'as trouvé..., je le sais..., nous le savons tous les deux.... Il ne me dit que cela..., et il posa un baiser sur mon front et il entra dans les toilettes et je partis dans la cuisine.... Je sentis que mes jambes flageolaient..., mon coeur battait si fort que je croyais qu'il allait sortir de ma poitrine, Juan.......*

*13:40 - **Mariela:** L'anniversaire se poursuivit... Et je dis à Viviana, il était déjà tard, Vivi tu m'appelles un taxi?... Et elle me dit, bien sûr mon amie, je l'appelle, et il dit, ne lui appelle rien, Vivi, moi aussi je partais, je l'emmène, aucun problème, et Vivi lui dit, mais c'est à l'opposé, José María..., et là, je dis, non, merci, c'est bon, je peux partir toute seule, et lui dit..., j'étais à l'opposé avant de la rencontrer..., et je le sais depuis que j'ai entendu sa voix... (il dit cela devant tout le monde)... et on entendit un éclat de rire général... de tous ceux qui étaient là, ahah... Croyant qu'il disait ça pour plaisanter... Je l'emmène, Vivi..., Et il me dit, Mariela, je t'emmène, laisse-moi le faire, s'il te plait, ça ne m'embête pas, au contraire, et je lui dit, bon, ça va, ... Et il m'emmena.....*

*13:40 - **Mariela:** Et nous partîmes... très nerveuse, je monte dans la voiture... et il me dit, je ne vais rien te faire, fais-moi confiance... ma petite, et je lui dis, arrête de me dire petite, et il me dit, je le dis parce que je le pense... tu es ma petite grande femme..., je l'ai toujours su, nous étions déjà unis..., et je restais là, me disant que ce type était fou..., que lui arrive-t-il..., mais, en même temps mon coeur battait plus fort et je sentais quelque chose d'inexplicable..., et il me dit... nous nous sommes trouvés..., tu le sais...... Regarde-moi..., me dit-il..., et je lui dis pourquoi faire???..., et il me dit, ce n'est pas du regard dans les yeux que je parle..., regarde-moi... tu sais de quoi je parle, me dit-il..., et ce fut quelque chose d'étrange pour moi... l'écouter, et là, il s'approcha et m'embrassa..., un baiser, Juan,* *dont je ne peux pas t'expliqueeeer, ce qu'il me fit ressentir.... Je me souviens et je ressens la même chose que je vis à nouveau aujourd'hui...... Il m'étreignit si fort après ce baiser, et à partir de là, nous fûmes unis et ils nous arriva un tas de choses ....*

*13:51 - **Mariela:** Je ne me reconnais pas, Juan, je me souviens de chaque parole, détail, une folie..., pouquoiii???... quelque chose que j'ai bloqué dans ma têêête et que je n'ai jamais pensé me rappeler, Juan, tu comprends???... Ça me dépasse, je te jure que quand je l'écrivais, j'avais l'impression de le revivre à nouveau et l'angoisse et la tristesse me déchirent à nouveau :(((*

***23 de May, 22:08 - Mariela:** Juan....*

*22:09 - **Mariela:** Le jour du pacte nous avons passé six heures ensemble, nous sommes allés prendre quelques « mates », nous avons parlé de tout, de nous, et il me dit, ce jour-là, que nous savions que ce serait le dernier... et que ce n'était pas parce qu'il le voulait, mais que c'était moi, parce que je l'avais déjà décidé... et ce jour-là, il savait que j'allais le lui dire, et ça se passa comme ça, Juan... Ce jour-là, je lui dis que ce serait le dernier jour que nous passerions physiquement ensemble, et là, il me dit .... Ahhh mon dieu, je ne peux pas écrire ça.... Je pleure quand je me souviens de ce jour, Juannnn..........mon âme se brise...*

*22:09 - **Mariela:** Bon... il me proposa que nous fassions une sorte de promesse ... et je lui dis une promesse,???... Pour quoi faire???... Et il me dit, tu sais de quoi je parle,... Et, comme je te l'ai dit, il y a des choses qu'il me disait souvent et qui me faisaient rire, et parfois, je me disais, qu'est-ce qu'il lui arrive..., parce qu'il me parlait toujours de l'éternel... mais de notre éternel en tant qu'âmes..., et, bon, je lui dit oui .... Alors, il me dit, je te promets avec mon âme et mon coeur... que notre Amour Fut, Est et Sera sacré..., pour toute l'éternité, et que je vais te respecter et ne plus jamais te chercher..., et moi à ce moment-là, j'ai senti que ça me brûlait de douleur le coeur et l'âme, Juan..., mais en même temps je sentais que nous ne pouvions continuer à être ensemble....*

22:10 - ***Mariela:*** *Et je lui dit, j'accepte..., moi aussi je te promets avec mon âme et mon coeur, que notre Amour Est et Sera éternel... et à partir de maintenant je promets de ne plus te chercher et de t'oublier,... Et là, il me dit... je ne vais pas te suivre, parce que je ne vais jamais t'oublier... et ça tu le sais et nous le savons tous les deux, car nous allons rester unis pour toujours dans l'éternité..., je sais que ce sera ainsi..., je le regrette... me disait-il—.... Et je lui dit , avec mon raisonnement d'alors... une conne, Juannn, mooon dieuuuu... Je pleure comme une fille de pute, mon dieuuuuu .... Je lui dis, que ça nous plaise ou non, qu'il le regrette ou pas, je dois le faire..., c'est ce qui m'incombe..., et je lui demandais pardon... je me souviens, il pleurait et moi aussi ..... et nous nous étreignîmes si fort et pendant cette étreinte il me dit,....*

22:10 - ***Mariela:*** *...Ce que nous avons fait est un Pacte d'Amour..., pur et sacré, ma petite...... Et là je compris enfin, que c'est un pacte que nous avions fait..., et je le ressentis avec une telle douleur..., déchirante, par moments, Juan... que je sortis de là aussitôt, presque sans lui dire au-revoir..., comme pour m'échapper..., et je partis..., je me souviens que je commençais à marcher..., je marchais tant ce jour-là... que je ne me souviens pas combien....*

22:10 - ***Mariela:*** *je suis arrivée à la maison, et je me souviens que ma mère me dit, Mariela, ça va??... Et je lui répondis , bien sûr que je vais bien, je vais toujours bien, et je vais toujours l'être, alors essaye autant que possible, de ne pas m'emmerder davantage avec tes questions,... Et elle me dit, je vois que tu es de mauvaise humeur, ma fille, et je partis dans ma chambre et je me couchais et dormis, tant, mais tant ... je crois que c'est la seule fois de ma vie où j'ai tant dormi, je ne me souviens plus bien, mais plus de 20 heures, c'est certain... parce que je me suis réveillée le lendemain après-midi... je ne suis même pas allée travailler... et quand je me suis réveillée... ma mère avait peur car elle me dit qu'elle avait essayé de me réveiller et que je continuais à dormir..., mon sommeil provoqua une vrai révolution à la maison..., maintenant, je me souviens, mooonn* *dieuuuu..., tous préoccupés par ce qui m'arrivais, Juannnn..... Ahhhh, mon dieu, cher petit frère..., pourquoi tant d'amour, nous fit-il tant de mal ????... Mon ami... pour moi ce jour-là, fut le début d'une fin..., et je le bloquais d'une mauvaise manière, car je ne me suis plus jamais souvenue de lui......*

22:11 - **Mariela:** *Ça me fit si mal... que c'es ça qui m'a poussé à l'oublier..., jusqu'à ce dimaaaanche, après que je te rencontre..., qui en six jours changea ma vie, mon ami......*

22:13 - **Mariela:** *...Je ne sais pas si tu comprends la douleur que provoqua ce pacte... pour que je tente de le bloquer ou de le faire sortir ou de l'effacer de mon âme et de ma tête de la façon dont je le fis, Juan.... Comprends-moi, c'était une période où je suivais ces principes de merde qui me poussèrent à m'éloigner de lui.... Car aujourd'hui je constate que ce ne fut pas comme ça et que ça ne le sera jamais.... Aujourd'hui, je sens que nous sommes unis par ce lien magique, même s'il n'est plus dans ce monde en chair et en os....*

22:13 - **Mariela:** *Je suis de nouveau très triste, mon ami, très triste :((((((*

22:26 - **Juan:** *Je sais, petite soeur...*

22:26 - **Juan:** *Maintenant je sais aussi pourquoi, il s'appela « L'Oubli de Gaston »...*

22:26 - **Juan:** *C'est impressionnant, Mariela*

22:27 - **Juan:** *L'énergie me vient de cet amour...*

22:27 - **Juan:** *J'aurais aimé connaitre José María...*

22:27 - **Juan:** *Même si d'une certaine façon, je sens que je le connais...*

22:28 - **Mariela:** *Ahhh, mon cher ami, frère....*

22:29 - **Mariela:** *Je me sens triste...*

22:29 - **Mariela:** *Les souvenirs m'arrivent tous en même temps...*

22:29 - **Mariela:** *Ce furent tant et tant d'années de blocage, mon dieuuu...*

22:29 - **Mariela:** *Que je sens une armée qui piétine mon âme, Juan...*

*22:31 - **Mariela:** Je ne sais comment expliquer ce que je ressens avec des mots... je ne les trouve pas pour un tel séisme, mon ami...*

*22:31 - **Mariela:** Mon dieuuu...*

*22:32 - **Juan:** Écris-le...*

*22:32 - **Mariela:** Je le fais, mon ami, je le fais...*

*22:32 - **Juan:** Que continue à s'écrire « La Vérité Sacrée des Âmes Jumelles »...*

Juan et María décident de prendre un long week-end à Capilla del Monte. Huit ans ce sont écoulés depuis qu'ils se sont connus, et ils se sont retrouvés, depuis peu. Ils vont et viennent, au rythme des rencontres et des désaccords qui désespèrent Juan, car il ne peut pas comprendre que María ne voit pas l'évidence. Elle, par contre, avance avec parcimonie, et sûre d'elle, elle parcourt encore le chemin de ses obligations. Ils louent une cabane sur un des versants du Cerro Uritorco, à Capilla del Monte. C'est impressionnant comme on ressent le changement d'énergie, à peine on est sortis de la ville, dit María à Juan, et c'est que j'ai vraiment besoin de repos, ces derniers jours et mois ont été durs, ce changement d'air va me faire du bien. María sort d'une relation compliquée, relation qui n'est pas encore terminée, parce qu'il reste encore des vestiges d'énergie qui la retiennent, et Juan le sait et le perçoit. María est sombre, sa vibration est faible, elle marche presqu'à genoux , à travers les failles de son élément terrestre, essayant de trouver la voie. Elle s'appuie sur Juan, car elle a confiance en lui et elle ressent une étrange familiarité qu'elle n'a jamais pu expliquer, tant que parfois, elle se met en colère, parce que je ne sais pas ce qu'il m'arrive, je te jure, maman que je ne sais pas ce qu'il m'arrive avec Juan, raconte-t-elle à Isabel, sa mère, c'est très bizarre, je ne peux pas l'expliquer. Parfois ce qu'on ne peut expliquer, s'avère être le plus important, le plus précieux, dit Isabel à sa fille avant de prendre congé, et de lui souhaiter un bon week-end, et que repose-toi, ma fille, et prend le temps de voir ce qui est en train de se passer. Juan et María sont allés et venus plusieurs fois. Dans leur vie, il y eut d'autres personnes, des relations difficiles, mais qui leur ont beaucoup appris. Celui qui toujours souffrit le plus, ce fut Juan, parce qu'il est ce qu'il a toujours voulu être, celui qui voit clairement le lien avec cette femme qui l'a marqué au fer rouge dès qu'il l'a connue. Par contre, María est celle qui nie, celle qui fuit, celle qui n'a aucun problème à être implacable, à quitter, un mécanisme de défense, sans doute, une incapacité à gérer son caractère d'acier, parce qu'elle se défend et ne comprend pas ce qui lui arrive, et elle est très en colère, en se rendant compte que l'on ressent certaines choses malgré elle, et elle préfère sa raison qui est plus confortable que son coeur, qui est beau et noble comme je n'en ai jamais connu, lui dit Juan. L'après-midi est clair et frais. Ils s'installent devant la cour de la cabane, avec vue sur le cerro Uritorco, et ils parlent en buvant du vin et la nuit tombe. María est lointaine et Juan regarde les étoiles. Le ciel est calme. Une petite lumière qui passe, de celles qui ont l'habitude de passer, comme une étoile qui bouge, un satellite, peut-être, dit Juan à María, je ne crois pas car les satellites tournent dans l'autre sens, et maintenant, il y a trois étoiles qui bougent, deux dans un sens et l'autre les contredit, ciel étoilé et fou, maintenant, même les astres ne tournent plus rond. Soudain, il y a beaucoup d'étoiles en mouvement, le ciel en fond et une infinité de lumières qui vont et viennent et passent, en oscillant, certaines plus grandes, d'autres plus petites, une pluie d'étoiles qui marque la nuit avec le charme de l'extraordinaire. Impressionnant,, dit María à Juan, je n'ai jamais rien vu de pareil, et regarde celle-là qui s'est arrêtée, et elle lui montre une lumière qui s'arrête et oscille. Et María se met debout parce que l'étoile s'approche maintenant, impressionnant, Juan, regarde, elle s'approche de nous, dit María, saisie par la lumière qui l'éblouit, et Juan aussi la regarde, avec un peu moins de crainte que de stupeur, et la lumière s'approche trop et elle est grande, et toujours en oscillant, elle se divise en trois et forme un triangle avec trois sphères sur ses sommets qui changent de couleur, de l'ambre au rose-orangé, et aussi au vert. J'ai la chair de poule, dit María, quel sens est-ce que ça peut avoir, qu'est-ce que ça veut nous dire, et la lumière se retire pour redevenir une, et Juan et María vont dormir. Le lendemain, ils se lèvent, pas de très bonne humeur, et María ne demandera pas à Juan si c'est lui, car elle est fatiguée des questions et a besoin de calme dans sa vie, et l'éloignement entre eux se ressent comme une présence corporelle, et cela provoque de la colère chez Juan et ils se disputent, et ils vont encore s'éloigner pour un certain temps, et loin, là-bas, très loin, dans l'autre nuit qui viendra, les étoiles brillent.

23 mai, 23:02 - Mariela: *Écoute, mon ami...*

23:02 - ***Mariela:*** *Un beau souvenir avec José María, m'est revenu à l'esprit*

23:03 - ***Mariela:*** *Et je viens de terminer de l'écrire*

23:03 - ***Mariela:*** *J'avais besoin, pendant que je l'écrivais, de le ressentir comme ce jour-là...*

23:03 - ***Mariela:*** *Je te l'envoie*

23:03 - ***Mariela:*** *Ce fut une belle et magique journée*

23:04 - ***Mariela:*** *Je me souviens et je ris beaucoup, ahahah... Nous nous sommes tellement amusés, je me souviens que nous avons tout laissé tous les deux, ce jour-là, ahah)... Lui n'ouvrit pas son gymnase et moi je pris ma journée au travail, je ne me souviens pas exactement du jour, mais écoute, ce fut une folie ce que nous fîmes,.... Nous nous sommes retrouvés quelque part, près de chez moi..., il vint me chercher là, tôt, c'était le matin, moi, personnellement je brisais toutes les règles, lui non..., c'était un de nos sujets de discussion, mes principes, même si ma vie... il l'acceptait ainsi, sans être d'accord, bon... nous partîmes loin de la ville, à Capilla del*

Monte, nous pénétrâmes dans un lieu tout au fond d'un champ... (dont je lui disais, il est écrit qu'est interdit d'entrer, que c'est privé, n'entre pas là, allons ailleurs) et il me dit, il ne va rien se passer, bon, et nous entrâmes là...

*23:04 - **Mariela:** Nous sommes arrivés à un endroit paradisiaque...Juan, un lieu qui vraiment semblait être le paradis ou je le voyais ainsi parce que j'étais avec lui..., mais l'endroit était superbe, nous nous sommes couchés dans les pâturages, il y avait un arbre énorme qui faisait beaucoup d'ombre, et beaucoup de verdure, et nous avons regardé le ciel, un moment et il me dit, regarde l'immensité de l'univers... c'est là qu'on va se retrouver dans l'autre vie qui nous reste à vivre, souviens-toi toujours de ce que je te dis, notre histoire est éternelle ma petite,.... Et je restais interdite,...???? Et bien que je ressentais bien ce qu'il me disait..., j'essayais de le prendre comme une autre de ses folies qu'il me disait tout le temps.... Et nous restâmes un moment silencieux... un silence, par moment écrasant... mais nous nous amusâmes beaucoup..., pendant que nous buvions des « mates », ahah... et soudain il me dit, enlevons nos vêtements et allons à la rivière,*

*23:05 - **Mariela:** et je lui dis, noooon, tu es fou..., et il me dit, rien de tout ça n'est de la folie, mon amour, rien...., c'est quelque chose de Divin... vivons-le comme ce que c'est... Et je lui dit bon, allons-y,... Et nous entrâmes dans la rivière, ahahah... nus, je faisais et expérimentais des choses avec lui, que je n'ai jamais plus vécu avec personne, de toute ma vie, Juan...Et nous nous sommes baignés nus, ahahahah... nous avons beaucoup joué, ce jour-là.. nous avons ri comme jamais..., ce fut une des grandes et Suprêmes journées que j'ai vécues avec lui... Et tu sais ce qui est arrivé???*

*23:05 - **Mariela:** Je me souviens et j'hésite, ahahaah..... Pendant que nous nous baignions dans la rivière..., nous entendîmes un bruit assez proche, très proche, nous gardâmes le silence et nous mîmes sous l'eau..., sans réfléchir, ni nous souvenir que nos vêtements étaient dans le pâturage, ahahahah .... Et nous guettions, pendant ce temps, comme c'était un endroit privé..., une folie, ce que nous* *avons fait, ahah... Mais une belle folie..., et soudain, on voit un type avec un chien, tu sais, genre chien de chasse ou qui y ressemble..., bon, le chien ressemblait à ça, et il commence à aboyer et cet homme disait, il y a quelqu'un, là..., sortez ou je lâche le chien...*

23:06 - **Mariela:** *et nous restâmes, je ne sais combien de temps sous l'eau, essayant de tenir, jusqu'à ce que je n'en puisse plus et que je sorte..., et José María sortis aussi, juste après moi, ... Je ne peux pas expliquer la tête de cet homme, ahahah, quand il nous vit nus ... ahahah..., et je me souviens qu'il nous dit... vous, en plus d'être entrés dans une propriété privée, vous faites de l'exhibitionnisme, ahahah... Nous nous sommes regardés avec José María... et nous avons commencé à rire..., et José María dit à l'homme... excusez-nous, monsieur, nous partons..., mais avant, je peux vous poser une question???*

23:06 - **Mariela:** *Et le monsieur lui dit, quoi,????... Et José María lui dit vous savez ce qu'est l'Amour Éternel entre deux Âmes,...??... Et le monsieur ne comprenait rien, ahahah..., et en plus, je dois supporter un fou..., partez tout de suite, parce que j'appelle la police..., et José María lui répond, c'est bon, monsieur, nous partons... (tout ça se passe pendant que nous nous habillons)...et il lui dit... mais avant, je vais vous répondre pour que vous sachiez que la question, que je vous ai posée, a une réponse et ce n'est pas une folie..., c'est quelque chose de Sacré et c'est ce que vous voyez en Elle et en Moi,....*

23:06 - **Mariela:** *Le type resta muet parce que la réponse de José María fut si sérieuse et si juste que même si on ne le connaissait pas, on était impressionné par chaque question ou réponse ou quoi qu'il dise... il était comme ça Juan,... Bon..., pour finir la journée, nous rentrâmes en faisant un tour en voiture, tranquillement... plein de rires et d'éclats de rire..., ça resta dans nos mémoires pour toujours, ahahahahah... Je crois que ce fut un des rares jours où j'ai autant ri, tant que j'en avais mal au ventre, ahahahah... et lui aussi..., ce fut une journée magique... très magique....*

23:06 - **Mariela:** *Bon, je voulais te raconter ça, petit frère...*

23:10 - ***Juan:*** *Que c'est beau, Mariela*

23:10 - ***Juan:*** *À chaque fois que je lis ça, je reçois de l'énergie...*

23:11 - ***Mariela:*** *Je continue à me souvenir.... et c'est un mélange de tristesse et ça provoque le rire, en même temps....*

LES RÊVES

"Nous concluons tous une entente sacrée pour nous rencontrer et chaque rencontre est un miracle; chacun d'entre nous accepte un engagement de se rencontrer. Chacun d'entre nous fait l'expérience de cette rencontre sacrée de façon différente et cette expérience fait aussi partie du chemin"- Alicia Planelles

24 mai, 11:18 - Mariela: *Mon ami comment vas-tu,??... María est plutôt blonde ou châtain clair, telle a les yeux clairs???..., elle a les traits plutôt fins???... Je veux dire... avec un regard intense son nez est fort,???... Parce qu'en dehors du fait qu'hier soir, j'ai dormi...., j'ai rêvé d'une femme comme je te la décris, et dans ce rêve nous étions dans un gymnase, mais, écoute bien..., pas n'importe quel gymnase, celui de José María..., j'ai rêvé de l'endroit tel qu'il était quand nous nous y voyions...... Tu comprends, mon ami...?? Tout est complètement fou, Juan...... Mais ce qui est bizarre, c'est que dans le rêve, cette femme ne parlait pas, tout était étrange, elle se contentait de regarder, de me regarder..., je ne sais pas comment l'expliquer.... Et après je me suis réveillée,....... et maintenant j'éprouve une étrange sensation dans tout mon corps, comme si j'avais dû poursuivre ce rêve, comme si j'avais dû lui parler, je me sens bizarre, je ne sais comment l'expliquer .... Dis-moi, s'il te plait mon ami, comment est Maria physiquement...??? J'ai besoin de savoir si elle est comme je te l'ai décrite? ..... Je ne sais pas, il y a quelque chose en moi qui me dit que Maria est la femme qui était avec moi dans ce rêve,....*

*11:20 - **Juan:** Elle est blonde, oui ...*

*11:20 - **Juan:** Elle a les yeux bleus*

*11:21 - **Juan:** Les traits fins...*

*11:21 - **Juan:** Sa peau est blanche*

*11:21 - **Juan:** Et elle a un regard très profond*

*11:21 - **Juan:** Et, oui*

*11:22 - **Juan:** Elle te regardait, Mariela*

*11:22 - **Juan:** Parce qu'elle a l'habitude de regarder...*

*11:22 - **Mariela:** C'est donc elle, la femme qui était avec dans mon rêve, c'est elle, Juan...*

*11:22 - **Mariela:** ...Oui... elle me regardait...*

*11:22 - **Juan:** Son énergie est grande... c'est une énergie très intense...*

*11:23 - **Juan:** Et elle irradie beaucoup de lumière*

*11:23 - **Mariela:** Mooon Dieuuu, Juan*

*11:23 - **Juan:** Que tout ça est incroyable*

*11:24 - **Mariela:** María était dans ce rêve avec moi, incroyaaaaable*

*11:24 - **Juan:** Tu sais qu'hier soir j'en ai eu l'intuition...*

*11:25 - **Juan:** Avant de m'endormir*

*11:25 - **Mariela:** Quelle intuition????*

*11:26 - **Juan:** Que, je ne sais comment... toi et moi allions nous connecter...*

*11:26 - **Juan:** Ce fut comme une vision...*

*11:31 - **Juan:** Il est très probable qu'elle aussi ait rêvé de toi*

*11:31 - **Mariela:** Elle me regardait...*

*11:31 - **Juan:** Elle regarde ton histoire...*

*11:32 - **Juan:** C'est pour ça que le rêve se déroulait dans le gymnase*

*11:32 - **Mariela:** Ouiii, c'est ça, le rêve se déroulait là*

*11:32 - **Mariela:** incroyaaaable*

***24 mai, 12:31 - Mariela:** Juannn.... Tu te souviens de que je t'ai dit, le jour où nous nous retrouvâmes dans l'après-midi et que la nuit d'après tu me racontas ton histoire avec María..., que je t'ai dit* *que tu avais perdu ta dignité..., que les seules choses qu'une personne ne doit pas perdre, c'est sa famille, son coeur et sa dignité, tu te souviens???... Avec toute ma raison, je te donnais mon point de vue avec les meilleures intentions parce que je te voyais souffrir..., tu étais triste..., et je t'ai dit que la douleur serais toujours là, mais souffrir est une décision et ce n'est qu'une option, et je t'a dit... choisis de NE PAS souffrir, même si tu as mal... Tu te souviens??? ...*

12:32 - ***Mariela:*** *Bon, maintenant, je me souviens, mon ami, que José María perdit cela avec moi... Mooon Dieuuu, pourquoi, pourquoi, Juannn?????... il fit tant de choses pour moi.... je le vois maintenant..., je les regarde depuis mon âme, mais aujourd'hui, je les vois, Juann et cela provoque encore plus de tristesse et de douleur..., Je vais te raconter quelque chose... je sens que la tristesse brûle mon âme.... Mais je vais te le raconter.... C'était un jour comme beaucoup d'autres, sans rien de spécial, et je travaillais au bureau (il savait déjà que j'allais me marier...) et un jeune garçon entre avec un bouquet de roses très rouges... je me souviens, (il y en avait 16), (le nombre m'étonna)...*

12:32 - ***Mariela:*** *...et une petite carte, qui disait..., même si tu le nies et qu'aujourd'hui tu ne peux me regarder... je sais que dans le nombre d'années que de roses... toi et moi allons nous retrouver dans l'Éternité... parce que notre Amour est Sacré... je t'aime, J.M.... Quand je lus cela, je me mis à pleurer tellement, Juannn... que mon patron me dit, Mari tu te sens bien??...Qu'est-il arrivé?... Calme-toi..., et je me souviens qu'il m'emmena dans son bureau et il me dit, c'est José María qui t'a envoyé les roses non,????... Et moi la seule chose que je répondis, c'est oui, c'est lui...., mais ne me dis rien... parce que ma décision est déjà prise..., et moi comme une idiote, malgré la douleur, Juan, j'ai continué à utiliser ma raison pour chaque évènement de ma vie... et je dis à mon patron, oui tu vois... dis-lui que je vais jeter les roses à la poubelle, que je n'en veux pas...*

12:33 - ***Mariela:*** *...et je continuait à pleurer comme une madeleine..., entre ce que je sentais et ce que ma raison me dictait... quelle idiote, je fus, et je les jetais, je me souviens que je les jetais....,* *pas la carte..., elle doit toujours être chez mes parents..., je vais aller la chercher..., je sais où je l'ai mise et je n'ai plus jamais ouvert cette boîte qui, maintenant je m'en souviens, était avec une petite pierre blanche avec des petits points noirs et qu'il m'avait donnée, un jour où nous étions allés à la rivière... (la petite pierre)...*

12:33 - ***Mariela:*** *j'espère qu'elle est toujours là...., que personne ne l'a jetée, ma chambre est restée comme lorsque j'ai quitté la maison, alors, j'espère qu'elle est, là où je l'avais rangée, ... Juannnnnn.... il réapparait, maintenant, après 16 années...!!!, tu comprends???... Les roses qu'il m'envoya à ce moment-là...., je treeemble...., tout est lié, ces 16 roses à ce moment-là..., il avait 16 ans de plus que moi, Juan, tu comprends????....*

12:33 - ***Mariela:*** *tout ce qu'il s'est passé, depuis ce dimanche..., ton âge maintenant, c'est l'âge qu'il avait quand on s'est connus..., 42 ans, l'âge de María, le mien...... Pourquoi que je me souvieeeens, maintenant de chaque chose et détail, Juannn????????... Mon dieu, mon ami, vraiment je vais m'effondrer..........*

12:34 - ***Mariela:*** *Je n'ai pas pu regarder la douleur que j'ai provoqué à José María, mon dieu, je n'ai pas pu le voir pourquoi,????...*

12:35 - ***Juan:*** *Mari*

12:36 - ***Juan:*** *Tout devait être ainsi*

12:37 - ***Juan:*** *Tout est un grand signe, mari*

12:37 - ***Juan:*** *Et José María te regarde...*

12:37 - ***Mariela:*** *Juannnn je suis triiiiste, très triiiiste*

12:37 - ***Mariela:*** *Je pleure comme une âme en peine, Juan*

12:38 - ***Mariela:*** *...tout ça a changé ma viiiiiie*

12:40 - ***Juan:*** *Je sais, petite soeur....*

12:40 - ***Juan:*** *Je suis avec toi...*

12:41 - ***Mariela:*** *Je sais, mon ami, merciii...*

12:42 - ***Mariela:*** *Je ne sais pas comment gérer tout ce qu'il m'arrive. Je laisse que ça sorte, mon ami, mais c'est très foooort ...*

12:43 - ***Mariela:*** *On continue tout à l'heure*

12:48 - ***Juan:*** *D'accord, petite soeur*

*12:48 - **Juan:** Bises*

Juan perd sa dignité, sa fierté et sa vanité, ses projets d'avenir et ses certitudes existentielles, ses principes et ses valeurs, son éthique et sa morale, ses poèmes et sa routine, son coeur et ses poumons. Juan perd tout. Tout ce qu'il a acquit. Tout ce qui ne lui appartient pas. Une brise fraîche balaye les masques. Parce que jusqu'à ce qu'il connaisse María, Juan n'est pas Juan, et quelque chose n'allait pas. Et la plaie qui s'ouvre et supure, quand ils se quittent et s'éloignent, se régénère en cicatrice qui guérit l'existence, et les carences se comblent, et un souvenir commence à apparaitre. Il a recours aux sectes et au reiki. À la méditation et à la perte de contrôle . Aux livres et au travail. Au sexe froid et à danser seul avec un balai, au milieu de la nuit. Toute ruse est noble dans la folie, dit le dément, depuis le vide qu'il cherche à soulager avec son don, celui d'écrire et d'invoquer une aide lumineuse avec ses mots écrits, son art et sa bénédiction. Et en écrivant à l'impossible, il fait la connaissance du nagual Mario, avec lequel, il s'initie aux pratiques spirituelles qu'il a lu avec tant d'avidité. Il commence un travail sur lui-même. L'énergie, la forme énergétique que nous sommes, ce qui entoure notre essence, qui est une petite lumière située dans le coeur, peut se modeler. Cette forme énergétique a tendance à rester. Pour ça, pour la démanteler, la démêler, on doit travailler dur et avec constance, être impecable, c'est à dire être à l'ouvrage, et l'énergie se défait de la forme supportée durant tant et tant d'années d'habitudes et de culture et s'accommode d'une autre forme, plus proche de notre Être. Sacrée alchimie dans ma vie, depuis que je t'ai rencontrée, qui n'a pas arrêté de grandir, de mourrir et de renaître, dit Juan à María qui ne comprend rien, et on change, tu n'as pas le choix, on change et le changement devient permanent, et c'est incroyable que ça arrive, et encore plus, tout parait planifié, tout parait orchestré par quelque chose que nous ne comprenons pas. Et les années passent et ce qu'il reste est l'essence, il dit à María ce que Gurdjieff disait, et María qui acquiesce parce que ça résonne en elle, bien que chez elle, arriver au centre passe par d'autres chemins, d'autres voies. Ce qui arrive quand on creuse bien profond, quand on sort de la zone de confort et qu'on va bien au fond, là où j'essaye d'aller lors de mes séances d'analyse avec mon thérapeute, on retire les couches de l'oignon, une à une, et au centre se trouve l'important, dit María à Juan. Et là, au centre, il y a toi, María, dans le coeur, dans l'essence. et toi tu es différent, Juan, le même que toujours, mais différent, mon amour. C'est que pendant tout ce temps, je travaillais, je travaillais sur moi, María, et quand on avance à l'intérieur de soi, apparait le mot vérité, lui dit-elle, et la vérité, c'est que je t'aime depuis toujours, Juan, bien que ça me mette en colère et que je ne sache pas ce qu'il m'arrive.

24 mai, 17:04 - Juan: *Mari, tout va bien?*

17:05 - ***Mariela:*** *Mon ami*

17:05 - ***Mariela:*** *Je ne sais pas .... Je me sens trèèès bizaaaarre*

17:05 - ***Juan:*** *Raconte-moi...*

17:06 - ***Mariela:*** *j'ai l'étrange sensation que José María est dans mon âme..., qu'il vit en moi... (je ne sais comment l'expliquer, mais je le sens et je le sais) et que je suis le temps à parcourir (je ne sais pas quoi, mais c'est quelque chose....)*

17:06 - ***Mariela:*** *je ne sais comment l'expliquer et si je me fais bien comprendre ???*

17:06 - ***Juan:*** *Tu as été très poétique*

17:06 - ***Juan:*** *Je l'ai compris avec le coeur*

17:06 - ***Mariela:*** *Par moments je me sens effondrée, abattue, très triste, une douleur déchirante m'envahit et me brûle..., mais malgré cela, je le regarde et je ne sais pas pourquoi, mais je souris..*

Tu comprends mon ami,???... C'est trèèèès étraaaange, moooon dieuuuu.....

17:07 - ***Mariela:*** *J'ai besoin de savoir ce que je resseeeens, Juann*

17:07 - ***Juan:*** *Mari*

17:07 - ***Juan:*** *Tu sais déjà que la vie est magique*

17:08 - ***Juan:*** *Laisse la magie s'exprimer*

17:08 - ***Juan:*** *C'est tout*

17:08 - ***Mariela:*** *Ouiiii .... Mais j'essaye, je te jure que j'essaye, mais j'ai la tête brûuuuulée,Juan, brûlée....*

17:09 - ***Juan:*** *C'est un grand signe*

17:09 - ***Juan:*** *Ce qui doit se manifester, se manifestera...*

17:09 - ***Juan:*** *L'esprit est en train de s'exprimer...*

17:09 - ***Juan:*** *Par l'importance du signe... qui est très grand*

17:10 - ***Mariela:*** *C'est que je NE peux PAS arrêter de penser*

17:11 - ***Juan:*** *Concentre-toi sur le coeur*

17:11 - ***Juan:*** *Sens José María*

17:11 - ***Mariela:*** *Je le sens, je le sens*

17:12 - ***Mariela:*** *Mais je ne peux pas arrêter de penser, mon amiiii...*

17:12 - ***Juan:*** *Chaque chose dont tu te souviens*

17:12 - ***Juan:*** *Écris-la...*

17:13 - ***Mariela:*** *Si je ne le sentais pas, je ne serais pas dans cet état ..... Bizarre je ne sais pas,.... Mais ça ne m'empêche pas de penser*

17:13 - ***Mariela:*** *C'est ce que je fais, c'est ce que je fais, j'écris, Juan j'écris...*

17:13 - ***Juan:*** *Parce que c'est une des beautés du Ciel...*

17:13 - ***Mariela:*** *Parce que si je ne le fais pas, je vais devenir folle, sérieuuuusement*

17:14 - ***Mariela:*** *Maintenant, c'est toiii qui est poétique, ahah*

17:14 - ***Mariela:*** *Il me disait toujours que je pouvais lire son regard... mais pas le comprendre... (à ce moment-là) et c'était ainsi, Juan... c'était ainsi,... mon dieu..., pourquoi???? ...*

17:15 - ***Mariela:*** *Et maintenant, je sens que je peux comprendre cela, parce que je sens qu'il me regarde et moi je le regarde aussi, Juan... c'est quelque chose de bizarre que je ressens....*

17:15 - ***Juan:*** *Très beau*

17:17 - ***Mariela:*** *Tu sais...*

17:17 - ***Mariela:*** *Lui aussi me disais qu'il était pour moi ce qui est Éternel et que je ne pouvais regarder... et que je n'avais pas le courage de tout risquer pour lui et pour l'Amour Sacré qu'il y avait... Je ne sais pas si tu me comprends??? ... Et moi je me souviens que ça me faisait honte, quand il me le disait..., mais il avait raison, Juan, il avait raison.....*

17:18 - ***Juan:*** *Oui, Mariela, je te comprends...*

Au temps des sphères, Juan peut voir l'énergie telle qu'elle circule dans l'Univers. Le mandat divin de ce qui arrive. Comment faire pour expliquer à María qu'il a besoin d'elle, mais que ce besoin n'a rien à voir avec une obsession, ni avec un manque. Parce que Juan sait qu'il a besoin de María pour être complet. Et à vrai dire, ils ont tous les deux besoin de l'autre, parce qu'ils sont un. Comment expliquer à María sur la terre, ce que Juan sait dans le ciel. Et les réponses dans sa poitrine lui parlent du temps, du tempo, qui est le temps juste. Pendant ce temps il n'y a rien à faire qu'accumuler des pièces dans les limbes du mérite, avec lesquelles on paiera, à l'avance, la bénédiction qui viendra. Tout sera quand ça devra être, lui dit la voix, et une représentation énergétique se révèle. Il y a un fils qui doit naître, mais ce n'est pas un fils en chair et en os, c'est un fils de l'esprit. Parce que c'est écrit, que lorsque María se réveillera dans son coeur, un fils naîtra, une pousse de lumière qui sera le fruit de l'Amour le plus élevé qui puisse exister. Un fils du Soleil

24 mai, 17:28 - Mariela: *Une autre chose dont je me souviens, mon ami, c'est qu'à chaque fois que nous nous voyions, en dehors de la magie que nous ressentions, nous parlions peu, très peu, c'est même bien plus... nous n'eûmes qu'une seule grosse dispute et ce fut peu de temps avant que nous fassions le pacte... et ce fut le jour où il me dit de quitter Jorge... (mon fiancé à l'époque et mon ex-mari aujourd'hui)... c'est comme s'il m'avait mis le dos au mur, c'est ce que je ressentis à ce moment-là, et pourquoi me dit-il ça, ce jour-là???, parce que lui avait quitté sa petite amie... compagne avec laquelle il était depuis de nombreuses années, à cette époque, (ils avaient passé 10 ans ensemble)... alors, il voulait que je fasse la même chose..., je me souviens qu'il me disait qu'il m'avait trouvée..., ce qu'il avait toujours senti, il l'avait trouvé et que c'était moi... et que pour lui, rien n'avait plus d'importance... à part moi..., et que je ne prenne pas ça pour de l'obsession car ce n'était pas ça, que c'était un Amour Véritable et Divin..., et qu'il n'arrivait pas à comprendre pourquoi je ne pouvais pas faire ce qu'il avait fait..., et que ça lui faisait beaucoup de peine...*

17:29 - **Mariela:** *... je crois que c'est le seul jour où il me parla comme ça..., il était fâché, blessé, et je me souviens qu'il me dit... moi, comme ça, je ne peux pas, fais un choix... Et moi qui étais déjà fâchée avec lui... pourquoi ai-je dit merde... si vite que tout romantisme s'évanouit..., parce que je raisonnais sur chacune de ses paroles, Juan.... tu comprends où je veux en venir ????... Et je lui dit, d'accord... je m'en vais et ne me fais plus chier..., fais ta vie et moi je ferais la mienne..., si tu ne peux pas accepter ça de moi, alors, ça n'a plus de sens..., moi, une parfaite idiote non,??..., parce qu'il voulait me dire autre chose... et je ne sus pas l'écouter ou le regarder... je ne sais pas ... Car il me dit, comme d'habitude, tu raisonnes et ne sens pas... Fais ce que tu veux, me dit-il, fâché..., et je le pris au mot et partis..., je pleurais, Juannnn... je pleurais tellement, tellement..., je ne sais pas pourquoi, ça arriva,, mais ça arriva... et quelques jours passèrent ainsi et moi je faisais semblant d'être heureuse, au yeux de tout le monde .... Mon dieu les choses qu'on peut faire sans y croire,* *non?... Quelle douleur je ressentais..., beaucoup de tristesse, de l'angoisse, je ne voulais pas que ce genre de choses nous arrive..., mais il me semble qu'à ce moment-là je devais faire le bon choix... est-ce que je sais..., une idiote, Juan, vraiment, ... et un jour il arriva chez moi, après son travail... c'était dans l'après-midi et je vois sa voiture garée devant chez moi..., et j'ai commencé à sentir que mon coeur sortait de mon corps et j'imaginais tant de choses avant d'entrer.... Mais il n'était pas à l'intérieur..., il m'attendait dans sa voiture..., il avait sonné et on lui avait dit que je n'étais pas rentrée, (imagine qu'à cette époque, les portables venaient de sortir et tout le monde n'en avait pas, je n'en avais pas, s'il n'appelait pas à la maison ou venait, il n'y avait pas moyen de communiquer..., et il descendit de voiture et me dit, je ne viens pas pour me disputer, je viens pour parler... tu peux monter et on va prendre un café?... Et je lui dit, d'accord, mais juste un moment parce que je n'ai pas beaucoup de temps... (moi comme toujours, en train d'essayer de bloquer, une idiote, mon dieuuu),*

17:29 - ***Mariela:*** *Et nous sommes allés parler, et il me dit, je suis anéanti, je ne peux pas être loin de toi, tout cela me tue, mon coeur se brise... nous ne formons qu'un..., et il me dit, je ne vais t'obliger à rien que tu ne veuilles pas faire, ni jamais te faire du mal... voilà..., re-essayons, s'il te plait, je t'aime avec mon âme, je t'aime avec mon coeur, je t'aime, ma petite ... Nous sommes unis, me disait-il... et contre ça, il n'y a rien, ni personne qui puisse nous séparer (j'en arrivais à penser que nous étions tous les deux malades..., parce que je ressentais vraiment la même chose que lui) ...et bon... nous re-essayâmes et je sentis que j'étais à nouveau complète, je ne sais pas si tu me comprends????, je continuais à être fiancée.... mes règles de merde et mes principes... ah... quelle idiote, je fus..., et il ne retourna jamais avec sa compagne..., il était seul et l'accepta..., quelle idiote je fus, Juan, mon dieu.... une débile ... Ce que je suis en train de supporter de douleur déchirante et de tristesse sera mon karma, Juan, pour ce que je lui fis endurer??? En dehors du divin et du* *suprême, mon ami,???... Comprends ce que je veux dire, ne me fais pas défaut s'il te plait,.... :((*

17:33 - ***Juan:*** *Non*

17:33 - ***Juan:*** *Ce n'est pas ton karma*

17:33 - ***Juan:*** *Tu jouas ton rôle*

17:33 - ***Juan:*** *Avant de naître, tu fis un pacte avec José María*

17:34 - ***Juan:*** *Celui que vous fîtes sur terre, fut le deuxième pacte*

17:34 - ***Juan:*** *Avant... au Ciel.... il y en eut un autre*

17:34 - ***Mariela:*** *Il me disait cela... Que Nous étions unis avant même notre conception....*

17:34 - ***Juan:*** *Et vous l'avez respecté tous les deux...*

17:34 - ***Juan:*** *Tout en vous, fut un acte d'amour RÉEL*

17:35 - ***Juan:*** *SACRÉ*

17:35 - ***Juan:*** *et ce qui arrive est le Signe de cet Amour...*

MA PETITE GRANDE FEMME

"Quand je te vis pour la première fois, mon coeur me donna ce signal que j'avais tant attendu, et je sus alors que c'était toi, ma Princesse Désirée..."

28 mai, 11:00 - Mariela: *Juannnnn*

11:00 - ***Mariela:*** *J'ai reçu un mail de Juan Pablo*

11:00 - ***Mariela:*** *Il y a une demi-heure*

11:01 - ***Mariela:*** *Je crois que je l'ai lu plus de 100 fois*

11:01 - ***Mariela:*** *Il m'a envoyé un texte de José María*

11:01 - ***Mariela:*** *Je ne peux pas arrêter de pleurer*

11:01 - ***Mariela:*** *Je me sens de nouveau très triste*

11:05 - ***Mariela:*** *Je te l'ai envoyé par mail....*

11:07 - ***Mariela:*** *Je sens que mon âme me brûle de nouveau*

de:Mariela González <mari_g2008@hotmail.com>

pour:Juan Pedropablo <juanpedropablo@gmail.com>

date:28 mai 2014, 11:05 a. m.

sujet:RE: le roman

Ma chère Mariela, j'espère que vous allez bien , je sais que c'est le cas , José María l'aurait souhaité ainsi..., et je sais qu'il est avec vous, dans votre âme. Pardonnez-moi, je voulais vous envoyer ce que j'ai trouvé dans les affaires de José María..., il a écrit beaucoup de choses, je ne saurais dire si ce texte que j'ai trouvé a été écrit par mon ami, mais c'est un poème qui a quelques années et qu'il a conservé avec son Amour si Sacré

pour vous, ce que je peux dire avec certitude, c'est qu'il était pour vous, et le connaissant comme je l'ai connu, José María, aurait, sans aucun doute, voulu que je vous le fasse parvenir, c'est pour ça que je vous dérange pour vous l'envoyer. Mes plus cordiales salutations à vous, voici le texte.

Cdlt: Juan Pablo.

MA PETITE GRANDE FEMME ....

Aujourd'hui, je laisse voler mon imagination, où les paroles se ré-écrivent, au plus profond de mon Moi, où mon Être s'exprime dans la langue universelle de l'Amour, où mon esprit s'évanouit entre vers et phrases du coeur.

De la distance qui nous unit et nous sépare, je crie au ciel depuis mon âme, combien il y a d'Amour, ma poitrine irradiant vers tes baisers endormis, dans ta superbe beauté...

Ma voix s'affirme avec force pour que tu écoutes mes paroles,

pour que tu sentes combien je t'aime, combien de jours et de nuits, je rêve de toi et te présage, combien tu me manques, mon être doux qui se cache dans un monde, où je voyage en agitant mes ailes...

Ma mélodie intérieure résonne en moi, avec ton essence endormie, dans mon espoir, essayant de ne pas compter les heures pour t'avoir à nouveau près de moi, après m'être tant langui de toi...

Si je te dis que je t'aime, ce n'est pas suffisant, je n'exprime pas mes vrais sentiments pour toi, davantage n'existe pas, et on n'a pas inventé la façon de prononcer à quel point mon âme t'Aime...

Je caresse ton visage quand je te regarde dans le néant, parce que je perçois, d'une certaine façon, que tu me rends visite et que tu m'aimes, comme je le fais moi-même pour briser ce qui nous sépare...

Je te respire si près que sans pouvoir te voir, tu es l'amour dans mon Amour, tu es la flamme dans ma flamme...

le destin nous unit, et va toujours nous unir parce que nos âmes sont unies et notre rencontre va être Sacrée, en ce lieu que toi et moi connaissons, le ciel sera entre nos mains et l'Univers sera le paradis dont notre amour rêvait...

Tu arrives à faire partie de mes gestes, la cause de mes sourires, la raison de mes silences, et ce n'est pas seulement te regarder, te toucher, ou t'embrasser, à distance, c'est que te regarder, te parler, t'écouter ou penser à toi, motive le sens de mes vérités...

Des émotions partagées qui illuminent nos vies, c'est vrai,

que ce n'est pas une fable, que tu es très profondément en moi

car ce ne sont pas seulement des passions, ce sont aussi des sentiments,... Des sentiments trouvés, qui crient extasiés, que deux Âmes, comme la tienne et la mienne, sont une seule et l'Univers, le Sacré, de nos Âmes qui vont rester ensemble pour l'Éternité.

Je t'aime.

28 mai, 19:15 - Mariela: *Mon ami, je me suis souvenue d'un jour où nous nous étions retrouvés..., Il passa me chercher en voiture près de l'entreprise où je travaillais, (la veille, nous avions déjà convenu, par téléphone, de nous voir), et je me souviens qu'il se gara à quatre pâtés de maisons, à moitié caché pour que je n'ai pas de problèmes si quelqu'un me voyait...(il faisait toujours attention à tous les détails avec moi et me faisait sentir la plénitude).... Bon, je me souviens que j'étais nerveuse, avec un mélange de culpabilité pour ce que j'étais en train de faire, mais en même temps, et je te le dis avec mon coeur, rien ne comptait quand j'étais avec lui.... Je suis arrivée à la voiture et il était là, avec son sourire magique, qui à chaque fois qu'il me* *souriait... me faisait mourir d'amour pour lui.... Nous nous embrassâmes longuement et nous étreignîmes encore davantage..... Je te raconte... José María n'aimait pas prendre des « mates », ahah... et moi, j'adorais ça... (bon, j'aime le « mate ») et nous avions aussi décidé que ce jour-là, que c'est lui qui apportait le « mate », comme ça je lui apprenais à prendre les « mates », ahah.... il en était même stupide, che, ahahah... Je me souviens et j'hésite, ahah.... Parce que je me souviens qu'il disait que le « mate » n'était pas fait pour lui, que ceux qui prenaient des « mates », le faisaient parce qu'ils cherchaient de la compagnie, et que lui savait que j'allais arriver dans sa vie, parce qu'il avait toujours su que j'étais quelque part dans l'univers et c'est pour ça qu'il n'avait jamais voulu apprendre à boire des « mates ».....*

*19:15 - **Mariela:** Je te jure, mon ami, que même cette réponse me parut une idiotie et je me souviens que je lui dis, arrête de dire des bêtises... ahah... Écoute, si tu ne vas pas apprendre à boire des « mates » pour ça, José María, s'il te plait fait pas chier... Et il me dit, je parle sérieusement, je ne te mentirais jamais pour quelque chose comme ça... et aujourd'hui, j'ai la certitude que c'est ainsi..., tu es avec moi, me dit-il, ton âme avec la mienne... sont une seule, et il me dit, regarde-moi, et je le regarde, et il prend mon visage dans ses mains et me dit... tu as été amour, tu l'es et le sera pour toujours, mon âme, mon être, je t'aime de toute mon âme ..... (je ne lui ai jamais demandé pourquoi il me disait ça, à propos du « mate », mais comme il riait à chaque fois qu'il m'en parlait, je prenais ça pour une plaisanterie, je ne sais pas si tu comprends?...*

*19:16 - **Mariela:** Mais plus tard il me le dit sérieusement et je le sentis si pur que bien sûr je le crus .... Mon ami, il fut et sera la seule personne en qui j'ai cru, de toute ma vie..., mais cette confiance aveugle..., (une autre des réponses que j'ai, au pourquoi je suis devenue si méfiante dans la vie) ... Bon... je poursuis... je me suis éloignée de ce que je voulais te raconter...... Nous allâmes cet après-midi, au parc des nations, prendre des « mates », enfin, moi pour lui montrer, ahah..... Je ris tellement ce jour-là que j'en avais mal* *au ventre, de sa façon de faire pour prendre le « mate », che, ahahah...... Et à un moment il me dit, qu'est-ce que je fais là à prendre des « mates » ou en apprenant, et nous riions beaucoup—-, bon nous passâmes un de nos meilleurs après-midi, ensemble,....*

19:17 - **Mariela:** *Le jour suivant, il m'appelle au travail et il me dit, j'ai été malade toute la nuit à cause de tes « mates »... et je me mis à rire tellement... et il me disait arrête de rire... ahahah.... Et il me disait, tu as mis quelque chose dans le « mate » et je lui dit je n'ai rien mis dedans,.... Et nous riions, ahah....et il me dit, ça n'a pas d'importance que je me sois trouvé indisposé hier soir, tu as vu, je t'avais dit que je n'étais pas fait pour prendre des « mates »? Et je lui dit, ne me dit pas ça, parce que tu peux,... Et il me dit, pour et avec toi jusqu'à l'éternité, avec ou sans « mates », mais unis et en regardant nos âmes, mon amour .... Et que m'arriva-t-il quand je terminais de parler avec José María au téléphone???... celui qui était mon fiancé, et maintenant mon ex-mari, entra dans le magasin à ce moment-là-...*

19:17 - **Mariela:** *Mon visage se transforma , moi, je ne peux pas faire semblant quand je me sens comme ça.... et je commençais à répondre sèchement à José María, et il s'en rendit compte tout de suite et me dit, je sais, et je le regrette, que tu ne vas pas tout risquer pour moi... et pour cet amour éternel qui nous unit et va nous unir à jamais ... Et moi qui regardait mon ex tout en écoutant ce que lui me disait, je devins encore plus nerveuse... et je lui dis, on en reparle, s'il te plait, là je ne peux pas, on en parle à un autre moment, et il me dit, c'est bon, comme tu veux, mais avant, laisse-moi te dire quelque chose d'autre, et je lui dit quoi,?... Et il me dit, je vais toujours te respecter, mais parfois, écoute ton coeur... et ton âme... tu le sais... je t'aime..., et il me coupa la parole..., et je restais figée, sans paroles et pendant ce temps, je pensais à ce que j'allais dire à mon ex, de celui avec qui j'étais en train de parler .... Bon... je finis par dire à mon ex que j'étais en train de parler avec un client qui avait un problème avec une facture du magasin, une idiotie de ce genre..., en vérité je ne sais pas s'il me crut, mais c'est ce qui m'importait le* *moins, les dernières paroles de José María étaient restées gravées en moi...*

19:18 - ***Mariela:*** *Les jours passèrent et je ne sus rien de lui..., j'étais triste, de mauvaise humeur, fâchée avec moi-même, parce que je sentais tout avec lui... mais je ne pouvais briser les putains de principes dans lesquels j'avais été élevée ... Merde, ce que je me sens lâche, mon ami ... Maintenant, je le vois bien, et les jours continuaient à passer et l'orgueil s'installe en moi, davantage, jusqu'à ce que je n'en puisse plus... et un soir, je suis allée le chercher à son gymnase et il était là...., quand il me vit, il se contenta de sourire... et moi qui voulait parler, et il me dit, ne dit rien..., il m'étreignit, fort, si fort, que je sentis que nous ne faisions qu'un..., et il me dit, les silences aussi parlent d'amour, qu'aujourd'hui ce soit notre silence magique, seuls toi et moi le savons,.... Et ce fut une autre nuit magique avec lui......*

28 mai, 20:43 - Mariela: *Il me disait toujours que les silences en disent plus que les mots, et que nous, seulement nous, comprenions nos silences, nos regards, parce que notre histoire était un miracle de l'autre monde, et il me disait, tu sais que les miracles existent, ils ont existé et existeront toujours... Et je lui disais que non, ils n'existent pas, et il me disait siiii..., nous sommes un miracle du véritable amour de nos âmes..., quand tu te réveilleras et que tu laisseras tes peurs de côté, tu vas voir ton essence réelle, divine et suprême qui nous unit... et ce jour-là..., ce jour-là..., tu vas t'éveiller et sentir que nos âmes ont été et vont être unies pour l'éternité..., notre connexion est magique..., mais tout arrive en son temps, mon amour ... c'est ainsi qu'il me parlait... et je te jure, Juan que je ressentais tant de paix et me sentais comme si j'accédais à la plénitude.. Je ne sais pas si tu comprends???... Ahhhhh moooon dieuuuu, mon ami, pourquoi est-ce que je me souviens de tout ça maintenaaaaaant-...???????... Chaque détail, chaque parole, chaque étreinte, chaque baiser, je ne compreeeend pas????... Pourquoi???... Il y a tant de choses que j'ai bloquées, mon dieuuuu..., que maintenant des millions de souvenirs me viennent à l'esprit, tous* *mélangés, et ça me désespère de ne pas pouvoir les trier ou me tranquilliser, parce que comme ils viennent..., ils s'en vont .... C'est comme un film plein d'instantanés.... Pourquoiiiii...???? Aide-moi, pour l'amour de dieu..., tout ça me dépaaaaasse, mon ami..., je suis un être humain et j'ai du mal à voir ça depuis mon âme..., ne me mets pas au défi, je te jure que j'essaye, en fait, je l'ai fait ces derniers jours, mais quand ces souvenirs arrivent, j'ai des millions de questions qui m'envahissent .... Je ne peux pas arrêter de penser........ Ahh, mon dieuuu .... Pourquoi je me souviens de chaque parole telle qu'il me l'a dite et d'un seul coup tout s'efface de mon esprit... d'autres dont je me souviens et plus après...... Je ne comprends paaas??????....*

29 mai, 9:21 - Mariela: *Juannnn petit frèèèèère..... J'ai encore rêvé de José María, et, je crois, de María, encore une fois....... Et je dis que je crois car c'était une silhouette très diffuse vêtue de blanc... je la voyais..., cheveux blonds, je n'ai pas pu voir la couleur de ses yeux parce qu'elle était loin de moi..., et je sentais qu'elle me regardait... seulement ça.....elle regardait... Mais moi je voyais bien qu'elle bougeait d'un endroit à l'autre, là où elle se trouvait, comme si elle se balançait... et à chaque balancement, elle s'éloignait ou se rapprochait de moi (je ne sais pas si tu comprends, mon ami????)... Bizarre , très bizarre, ce rêve, mon ami..... J'étais avec José María, mais lui aussi, je le voyais de manière diffuse..., il n'était pas en face de moi..., nous ne nous étreignîmes même pas..., mais je le sentais plutôt comme à l'intérieur de moi... mais en même temps, je pouvais le regarder..., je ne sais pas comment l'expliquer..., ce fut seulement ça, mon ami..., il ne me dit rien de rien... et la silhouette blonde qui était loin, mais près de moi, c'était Mariaaaa, petit frère.... Très bizarre... et maintenant je ressens une étrange sensation dans tout mon corps, quand nous nous verrons, je vais te raconter quelque chose qui m'est arrivé pendant ces 15 derniers jours, qui a à voir avec quelque chose dans mon corps, mon ami.....*

9:22 - ***Mariela:*** *Ma tête n'en peux plus, mon amiiii...*

9:22 - ***Mariela:*** *On parle plus tard*

9:22 - ***Mariela:*** *Bises*

10:03 - ***Juan:*** *Ce rêve.... et l'autre, et l'autre.... c'est-à-dire les trois, en commençant par celui de l'étreinte avec José María.... étaient des rêves, disons, communs, ou suggéraient-ils une autre expérience...?*

10:04 - ***Juan:*** *Je veux dire que c'étaient des rêves comme ceux que tu fais habituellement ou étaient-ils différents...?*

10:05 - ***Mariela:*** *Je ne sais pas....J'ai le cerveau brûléééé...*

10:06 - ***Mariela:*** *Ce que je sais, c'est que dans ce dernier rêve, ce ne furent que des regards et je sentis que José María était à l'intérieur de moi, et en même temps je pouvais le regarder...*

10:06 - ***Mariela:*** *Et María bougeait seulement comme si elle s'approchait et s'éloignait...*

10:06 - ***Mariela:*** *Et elle me regardait, rien de plus*

10:07 - ***Juan:*** *Tu te souviens toujours de tes rêves?*

10:08 - ***Mariela:*** *Non*

10:08 - ***Mariela:*** *Je ne me souviens presque jamais de mes rêves...*

10:09 - ***Mariela:*** *Je crois que je me souviens peu souvent, très peu souvent de mes rêves*

10:09 - ***Juan:*** *C'est pour ça que je te dis*

10:09 - ***Juan:*** *Que ces rêves ont une autre particularité...*

10:10 - ***Mariela:*** *Je me sens bizaaaarre*

10:11 - ***Mariela:*** *Je n'ai jamais ressentis quelque chose de ce genre....*

10:11 - ***Mariela:*** *Ce fut un rêve plutôt diffus...*

10:11 - ***Mariela:*** *Je ne sais pas comment l'expliquer avec des mots*

10:11 - ***Mariela:*** *Je ne trouve pas...*

Mariela rentre du travail et après avoir fait diner ses enfants et ranger un peu la maison, allume une cigarette et se dit qu'elle a besoin d'une douche chaude et de bien dormir, car aujourd'hui, la journée a été bizarre, très bizarre, et elle se sent encore bizarre. La bénédiction de l'eau lui détend les muscles, et pendant qu'elle savonne son cou et étire ses vertèbres, en les faisant craquer, elle ressent un vertige. Elle s'accroche au porte-savon, parce le vertige est maintenant une nausée. Elle essaye d'atteindre la serviette, à tâtons, comme elle peut, entre vapeur d'eau et malaise. Son corps est brûlant, elle a chaud et soudain elle a des frissons. Sa température corporelle change sans raison, ni rythme. Elle sort de la salle de bain et déjà dans sa chambre, elle sent une douleur dans le bas de l'abdomen. Mon dieu, que m'arrive-t-il, se dit-elle à voix basse, et elle essaye d'associer les symptômes à sa tension, habituellement basse ou à ses migraines persistantes, mais le cadre est différent, les symptômes ne sont pas les mêmes, autre chose est en train d'arriver à Mariela. Courbée, parce que la douleur est déjà très forte, elle se couche sur le lit en décubitus dorsal, et commence à prier. Elle prie mentalement parce la douleur la paralyse, au point de l'empêcher de respirer. Sa zone génitale et son bas-ventre semblent se déchirer. Son corps se brise, il s'ouvre en deux, et Mariela prie, car elle croit qu'elle va mourir, et elle demande à José María, là-bas dans le ciel, de la protéger. Elle a peur de ce qui est en train d'arriver. Jamais, elle n'a ressenti une douleur pareille. Même les douleurs de l'accouchement quand elle devint mère, ne lui ressemblent pas. Et éperdue de terreur, baignée de sueur, elle s'abandonne. Si l'heure de ma mort est arrivée, qu'il en soit ainsi, pense-t-elle, et elle prie Dieu pour ses enfants et ses proches, et elle en est là, quand elle ressent que de la zone de la douleur, de son corps qui se déchire, jaillit un feu tellurique qui remonte le long de sa colonne, la brûlant en dedans jusqu'au centre de sa tête, et un air torride, qui est comme un spasme, l'étouffe, et l'agite, et meurt, elle s'abandonne. Elle s'endort et se réveille le lendemain avec le regard lointain. Et, sans savoir comment, elle comprend, définitivement et avec une certitude très claire, les paroles de José María, quand il lui disait qu'elle et lui venaient d'une même essence, et le sacré d'un lien d'amour, au-delà de ce monde. Avec un sourire, elle regarde son corps détendu et le caresse, et elle le sent à l'intérieur d'elle, José María et ses paroles, José María et son amour éternel. Quand elle se lève, elle trébuche et tombe, comme si elle ne savait pas marcher. C'est qu'une douleur aiguë l'empêche de rester immobile. En s'inspectant avec curiosité, elle constate qu'elle a deux énormes hématomes sur chaque plante des pieds. Elle doit aller travailler, et, comme elle peut, elle enfile ses chaussures les plus confortables, et elle marche ainsi toute la journée, lointaine et en même temps proche, et marchant mal, pas tant à cause de la douleur, que par une étrange aimantation qui s'exerce sur elle depuis la terre. Après, en parlant avec Juan et en cherchant sur internet, ils trouveront des textes et seront stupéfaits de découvrir que la divine énergie de kundalini s'est réveillée en elle, et curieux, et entre deux plaisanteries, ils parleront beaucoup du sujet. Mais la vérité, c'est que Mariela est distante et épanouie, avec une étrange lueur dans le regard, et avec les hématomes sur la plante des pieds, stigmates de sa connexion avec la terre, qui resteront pendant des mois, comme un souvenir de ce moment, où elle crut mourir et se réveilla le lendemain, née dans son essence. Et elle regarde Juan, et le comprend, plus que jamais, elle le comprend.

29 mai, 11:32 - Mariela: *José María me disait toujours qu'il me connaissait des cheveux jusqu'à la pointe des pieds..... Qu'il connaissait jusqu'à ma façon de rire et ce que je voulais lui dire, sans parler, qu'il connaissait même mes gestes d'amour......qu'il devinait ce que je pensais avant que je lui dise quelque chose, qu'il aimait ses conversations avec moi où je n'arrêtais pas de fumer,....ahah......... Et il me disait toujours, ton fiancé ne connait pas même la moitié de ce que je sais de toi, il ne te regarde pas comme moi, et je peux même* *te jurer qu'il n'a pas la sensibilité, ni la connaissance même de la façon de t'aimer, comme je la connais,..... Je connais chaque particule de ton être et de ton âme mon amour,... C'est ce qu'il me disait ..... Et c'était vrai, Juan, très vrai........ C'est ainsi qu'il me le disait toujours et me le faisait sentir, et je ressentais la même chose....... Pourquoi n'ai-je pas écouté mon coeur???? Pourquoiiii????.... Principes, peurs, que m'est-il arrivé, mon dieuuu, quelle idiote j'ai été......*

*11:33 - **Mariela:** Bon, je ne sais pas pourquoi, mais je me suis souvenue de ça, maintenant*

*11:33 - **Mariela:** Et j'avais envie de te le raconter*

*11:33 - **Juan:** Tout ce qui te vient à l'esprit, écris-le, mari...*

*11:34 - **Mariela:** C'est ce que je fais, mon ami, c'est ce que je fais...*

*11:35 - **Mariela:** Mais j'ai des souvenirs qui arrive d'un seul coup*

*11:35 - **Mariela:** Et d'autres qui viennent et qu'ensuite j'oublie...*

*11:35 - **Mariela:** Tu comprends???...*

*11:35 - **Juan:** Oui... et écris-les...*

*11:35 - **Juan:** Oui... je te comprends*

*11:35 - **Mariela:** Je les écriiiis, mon ami*

*11:35 - **Mariela:** Et je te les envoie ....*

***29 mai, 14:28 - Mariela:** Mon amiiii*

*14:28 - **Mariela:** Je suis passée récemment sur l'avenue Maipú et je me suis souvenuuue... José María était un fou, mais magnifiiiique... (tu sais combien de fois, je suis passée sur cette avenue en 16 ans, mon ami, et jamais ça ne m'étais arrivé..).....il avait de ces choses avec chacune de ses folies pour moi, mon dieuu...*

*14:44 - **Mariela:** un jour où nous étions dans la voiture de José María et discutions sur le ton de la plaisanterie (façon de parler, je riais, lui, plus ou moins)... qu'il me disait, nos âmes sont une seule et je lui disais arrête de plaisanter, l'amour est une chose et ton âme et la mienne, une autre,... Je suis moi et tu es toi... et nous riions...., il* *riait un peu sarcastiquement... et il me disait, jusqu'à quand vas-tu dire ça...., nous sommes une seule âme..., tu ne sens pas que notre histoire est sacrée?.... Et brusquement, il arrête la voiture au milieu de l'avenue... la circulation, pffff, beaucoup... vraiment beaucoup... et il descend de la voiture et me dit... descend... et je lui dis, tu es fou...?, et pendant ce temps des coups de klaxon, des insultes et autres des voitures qui nous esquivaient... Et il me dit, descend, s'il te plait... et je descends..., mon sourire disparut .... Et alors, il me dit regarde-moi... mais regarde mon âme et dis-moi dans les yeux que ce que tu ressens est un mensonge... et que, comme tu le dis, mon âme est à moi et la tienne à toi..., je sais que notre âme est une, notre essence est une .... Et moi, je ne pouvais pas le regarder... et j'ai commencé à trembler, à cause du stress ...(et pendant ce temps, on continuait à nous klaxonner et nous insulter, au beau milieu de la rue), et il me dit, regarde-moi, mon amour, regarde-moi..., n'écoute rien de ce qu'il se passe... oublie tout pour un moment, et je lui dis, on va nous écraser ici, José María.... mettons-nous sur le côté, gare-toi bien..., et il me dit... c'est maintenant..., dis-le moi maintenant..., ici..., rien ne compte plus que toi, en ce monde... dis-le moi, s'il te plait... et soudain, je ressentis quelque chose d'étrange, et je le regardais, et je te jure, Juan, que je ne pus rien lui dire, je lui dis..., oui... tu as raison... nos âmes sont une, et il me dit, je te crois car tu me le dis... mais tu sais quoi...? Quand tu le sentiras, et que tu te regarderas et me regarderas, comme je te regarde, là tu vas le sentir dans ton âme, dans notre âme,... Et là, sans rien nous dire, nous montâmes dans la voiture et ce fut un silence qui m'étourdissait par moments..., il ne dit rien de plus..., il m'emmena près de chez moi, pour que personne ne voit qu'il me raccompagnait chez moi et partit en silence... il m'étreignit seulement avec un soupir qui atteignit mon âme,..... Et encore une fois plusieurs jours sans nouvelles de lui........ Et je te jure que j'essaye en ce moment de me souvenir de ce qu'il se passa après ces jours-là, mais je ne me souviens pas, mon ami, je ne me souvieeeens pas....*

*14:44 - **Mariela:** Explique-moi pourquoi je me souviens de chaque chose qui s'est passée avec lui..., avec tous les détails, paroles, c'est quelque chose que j'avais bloqué pour toujours dans ma mémoiiiire........ Mon dieuuuu, petit frère!!!!*

*14:52 - **Juan:** Impressionant*

*14:52 - **Juan:** Mais ça me fait du bien*

*14:52 - **Juan:** Écris tout...*

*14:52 - **Mariela:** Il faisait de ces folies, mon dieuuuuu*

*14:52 - **Mariela:** Pourquoi, je me souviens de ça, maintenaaaant...*

*14:52 - **Juan:** Je me reconnais en José María*

*14:53 - **Juan:** Peu importe pourquoi ... écris-le !!!*

*14:53 - **Mariela:** Pourquoi, te reconnais-tu, en lui??*

*15:03 - **Juan:** Je me reconnais...*

*15:03 - **Juan:** Je sais de quoi il parlait...*

*15:03 - **Juan:** Je connais cette certitude...*

***29 mai, 22:55 - Juan:** Cette nuit, tu vas rêver...*

*22:55 - **Juan:** Parle à María dans le rêve... tu vas rêver d'elle*

*22:55 - **Mariela:** Je t'aiiime ... sois tranquille tout va bien se passer*

*22:55 - **Juan:** Dis-lui que je dis qu'elle est la plus belle femme du monde... elle va comprendre ... et que je l'Aime... tant que je ne peux l'exprimer avec des mots de la terre...*

*22:55 - **Mariela:** Je vais lui parler, mon ami*

*22:55 - **Mariela:** Je vais lui dire exactement comme ça...*

*22:55 - **Mariela:** Sois tranquille, mon ami, sois tranquille*

*22:56 - **Mariela:** María le sait... et elle est avec toi ....elle est en toi...*

***30 mai, 8:38 - Mariela:** ...Je suis KO..., je me sens comme bloquée, Juan..., j'ai mal à la gorge et ma poitrine me fait mal..., je tousse et c'est une flamme qui me brûle, comme si c'était une sorte de bronchite ..... Je ne sais pas si tu comprends...? Je manque d'air et ça me désespère de me sentir comme ça.... Je pleure et pleure, mon ami........ Tu avais raison... j'ai rêvé hier soir..., et ce fut si étrange...*

très étrange..., je ne sais pas où nous étions... enfin, ça je ne m'en souviens pas... la seule chose dont je me souviens, c'est que María et moi étions face à face... elle me regardait et je te jure que je la vis si près... et je la sentis tellement, mais tellement réelle... et j'essayais de lui parler mais en même temps je sentais que les mots ne sortaient pas... je ne sais pas si tu comprends...? C'était désespérant parce que j'avais l'impression qu'elle ne m'écoutait pas... ou sí... je ne sais pas..., et je lui disais, Juan m'a dit de te dire que tu es la femme la plus belle du monde..., et elle continuait à me regarder, mon ami... mais je sentais que mes paroles sortaient en silence... Ahh, mon dieuuuu.... je ne sais comment l'expliquer, mon ami... pour que tu me comprennes...????... Je me désespérais dans ce rêve ..... Et je me suis réveillée très agitée... juste au moment où je crois que María approchait sa main comme pour prendre la mienne..., je ne sais pas si c'était ça, mais c'est que j'ai senti, tu comprends...?????? Et là, je me suis levée ..... L'alarme du téléphone sonnait... il était six heures et quart du matin et je me suis levée..., maintenant, je me sens comme ça... malll, très mallll ..... Je n'en peux plus, je sens que je me brûûûûle..., j'ai mal partout, petit frère, partouuuuut.........je ne me souviens de rien d'autre.....

9:44 - ***Juan:*** *Petite soeur*

9:48 - ***Juan:*** *Tu vas bien, petite soeur?*

10:38 - ***Mariela:*** *Non...... Je ne peux pas, mon ami, je ne peux pas, je sens que mon âme me brûle, je jure que je ne peux pas... J'étouffe, je te jure que c'est quelque chose que je ne peux maîtriser...*

10:38 - ***Mariela:*** *Pardon...*

10:39 - ***Mariela:*** *Je me sens très mallll*

10:39 - ***Juan:*** *Mais c'est le rêve qui t'a mise dans cet état??*

10:39 - ***Juan:*** *José María était là??*

10:40 - ***Mariela:*** *Oui... je ne sais pas.... Je ne sais pas si c'est le rêve ou autre chose mon ami,..... Je ne sais pas si José María était dans le rêve... Je ne sais plus rieeeen......... De de rieeeen........*

10:40 - ***Mariela:*** *Ma tête a exploséééé....*

10:41 - ***Mariela:*** *Je te jure que je suis dans un état de stress et que j'ai envie de m'arracher le coeur*

30 mai, 11:59 - Mariela: *Je me sens comme si j'étais au-delà de tout, mon ami...... Je me sens triste, très triste..., je me suis tellement identifiée à María, mon ami, juste en la regardant..., tu comprends???... Je sais et je ressens ce que doit ressentir María... Mon ami, il semble que c'est moi qui ai bloqué durant tant d'années, tout ce qui concerne José María..., femme forte et impénétrable par moments..., essayant de continuer comme elle peut..., et en même tant beaucoup d'angoisse dans l'âme..., mais prouvant au monde qu'elle peut et que personne ne va la faire dévier de la trajectoire qu'elle suit maintenant..., et je la comprends, mon ami, bordel de merde, si je la comprends.... J'ai été comme elle, petit frère, pareille, c'est pour ça que je suis si choquée... je me suis vue en elle, mon ami, dans ce rêve hier soir,..... María... et ça je le sais et c'est comme ça..., elle lutte contre ce qu'elle ressent et contre ce qu'elle doit être au yeux du monde, à cause de ses principes et aussi, parce qu'elle est convaincue que c'est bien... mais ça ne l'est PAS.... Elle est résignée, comme je l'étais, à vivre ainsi, mon ami..., parce que le verre de la muraille qu'elle met devant elle, ne la laisse pas se réveiller..., ahhh, mon dieuuuu, mon ami... j'étais comme ça.... Jusqu'à ce que???......... Arriva ce qui est arrivé.... Et je peux t'assurer, petit frère, que je vais toujours t'aider, mais je vais aussi aider María..., je sens qu'elle a davantage besoin de moi, en ce moment.... tu me comprends mon ami,????... Je ne sais pas comment l'expliquer mon dieuuuu,....... Je sens qu'en l'aidant je t'aide et moi aussi je m'aide, tu comprends???.... Je suis María sans la connaitre... pendant 16 ans de ma putain de vie, mon ami ....mon dieuuuuu...*

12:02 - ***Mariela:*** *Pardon, mais j'avais besoin de te dire ça..*

12:03 - ***Mariela:*** *Je t'aime, petit frère*

30 de May, 21:12 - Mariela: *Mon amiiii...... Encore une fois, je sens quelque chose de très fort à l'intérieur de moi,........ Ces trucs de bulles, que sais-je,... Je commence à les sentir.... Je viens de sortir de mon bain et quand je me baignais, j'ai commencé à sentir la* *même chose que l'autre fois..... Et encore une fois je me sens très, très mal,..... je le sens dans le dos et les épaules, je manque d'air, comme si ma poitrine se fermait, comme si c'était une crise d'asthme..... Quelque chose comme ça, je ne sais pas l'expliquer... je sens que mon coeur me fait mal..., j'ai de plus en plus mal à la gorge... la poitrine, et je sens que ces bulles vont et viennent de tous ces côtés qui me font mal..... Ma tête se brise de douleur et ma vision se trouble et mes paupières sont lourdes et ça me désespère, mon ami,.... Je ne sais pas quoi faire..., je te jure que j'essaye de rester calme, mais ces choses vont et viennent de nouveau.....*

21:12 - **Mariela:** *Mon dieuuu, petit frère*

1 juin, 15:15 - Mariela: *Sans connaitre María, je me suis mise à écrire sur elle...*

15:15 - **Mariela:** *Tu la connais mieux que personne*

15:15 - **Mariela:** *Je ne sais pas pourquoi je pense à elle*

15:19 - **Mariela:** *María est intuitive..., spirituelle, inquiète, protectrice, elle peut même être parfois un peu autoritaire...?, bien qu'elle ne le fasse pas pour que ça se remarque beaucoup, parce qu'elle veut montrer son empathie envers les autres... Mais elle aime être appréciée et est exigeante. Mais j'ai l'impression qu'elle se distingue par sa délicatesse et elle aime le discernement et le mystère, bien qu'elle cherche en permanence l'approbation non,... mais je sens qu'en même temps, elle est pragmatique et pense au concret, et ANNIHILE les sentiments... et c'est comme si elle investissait beaucoup dans ses efforts... dans son capital..., et parfois, c'est pure logique et raison..., mais surtout, elle est romantique, mais attentionnée quand elle est amoureuse, :/ ....*

15:20 - **Juan:** *Ouìiiiiiiiii*

15:20 - **Juan:** *ahahaaahah*

15:20 - **Mariela:** *Pourquoi ris-tu?????*

15:21 - **Juan:** *Parce que tu la perçoives, telle qu'elle est*

15:21 - **Mariela:** *ahahahahah*

15:24 - **Juan:** *Ce que tu as écrit est tel quel ... que t'arrive-t-il pour que tu la perçoives ?....*

15:25 - ***Mariela:*** *Je ne sais pas, qu'est-ce que j'en sais, mon ami,... Mais ça fait deux heures que je ne peux la sortir de ma tête, et j'ai commencé à écrire comment je la sens... c'est même plus, pendant que j'écrivais... je sentais, comme si elle était en train de me regarder...*

15:25 - ***Mariela:*** *Je ne sais pas si tu me comprends...?*

15:25 - ***Mariela:*** *Je sentais, que c'était comme si elle savait que je suis là, je ne sais pas si je m'explique bien*

15:26 - ***Juan:*** *Qu'elle est autoritaire, qu'elle cherche l'approbation, qu'elle est délicate et pragmatique et tout ça... romantique quand elle est amoureuse, telle quelle, telle quelle, en tout!!!!!*

15:27 - ***Juan:*** *Elle le sait, Mariela, je sens qu'elle aussi rêve de toi .....*

15:27 - ***Mariela:*** *Ouiiiiiii, je jure que je l'ai ressenti comme ça quand je la décrivais*

15:28 - ***Mariela:*** *C'est quelque chose d'incroyable, la connexion que je sens avec elle*

15:28 - ***Mariela:*** *Mais après le rêve de vendredi, je me suis trouvée mal toute la journée*

15:28 - ***Mariela:*** *Et je cherche une réponse, mais je ne la trouve pas...*

15:28 - ***Mariela:*** *Je l'ai seulement senti...*

15:28 - ***Mariela:*** *Je m'explique bien, mon ami?*

15:29 - ***Juan:*** *Oui....*

15:29 - ***Juan:*** *Mais les réponses arrivent par elles-mêmes*

15:29 - ***Juan:*** *Ne les cherche pas, elles vont arriver*

15:29 - ***Mariela:*** *Oui, je sais...*

15:29 - ***Juan:*** *Dans ce rêve tu as interagis avec elle de manière énergique*

15:29 - ***Juan:*** *C'est pour ça que tu la perçois comme si tu étais elle*

1 juin, 16:26 - Mariela: *Je me suis souvenue de quelque chose que José María me racontait toujours..... Il me le disait comme sous* *forme de conte.................C'était court, mais j'aimais qu'il me le dise comme ça.... Comme pour raconter en peu de mots comment nous nous étions rencontrés... Il était précis dans ce petit conte qu'il me racontait toujours...*

16:27 - **Mariela:** *Je te l'envoie dès que j'ai fini de l'écrire*

16:27 - **Mariela: ...** *Pourquoiii je me souviens de toutes ces choses,???... Mon dieuu, mon ami...*

16:27 - **Mariela:** *Ça me fait du mal et du bien*

16:27 - **Mariela:** *Bon, je te l'envoie*

16:27 - **Mariela:** *.et je me souviens parfaitement qu'il commençait comme ça...........*

16:36 - **Mariela:** *...Il était une fois, un homme à la peau brune, aux traits grossiers et quelque peu bohème, fou par moments, croyant en ses convictions et en la Réalité de l'Amour Suprême... (et là, il souriait, ahah)... qui marchait perdu, en la cherchant, et un jour comme les autres..., un jour de plus dans sa vie, essayant de survivre à la vanité d'une société incapable de sentir..... E ce jour-là, elle apparut,... et il sut que son âme perdue, il l'avait trouvée dans cette femme..., une princesse à la peau brune, aux yeux marrons profonds, à la peau douce, avec un mélange de ténacité qui rassurait, mais en même temps sans défense... qui cherchait à être une survivante de plus, dans une société qui par moment l'écrasait... et ce jour arriva ... ils s'écoutèrent, ils écoutèrent leur voix avec étonnement... ils se regardèrent..., et leurs âmes s'unirent pour toujours... et là, il me chatouillait, m'étreignait, nous jouions, ahah .....C'est incroyable la façon dont José María me décrivit, à ce moment-là... quand nous fîmes connaissance... et lui quand il me raconta cette histoire, il me laissa figée car ce qu'il disait de moi était vrai, tu comprends...???? Et là, moi je riais,... ce que je ressentais pour lui était si beau... quelque chose qui, maintenant que je m'en rend compte, était vraiment un amour au delà de tout..., sans savoir que je lui infligerais autant de douleur..., de la même façon que je m'infligeais cette douleur et que je le bloquais, tellement que je choisis de ne plus jamais rien sentir : (car je te jure, mon ami,* *qu'au-delà de l'amour que j'éprouvais pour lui, il y avait des choses comme celles-là, qu'il me disait, dont il était difficile, ne serait-ce que d'envisager à quoi il faisait référence..., et maintenant, je me rends compte de touuut, tu comprends...? mooon dieuuu, quelle idiote j'ai été,.... et il me disait, si tu me regardais comme je te regarde, tu sentirais que ceci est quelque chose de suprême et que quoi qu'il arrive, nous allons être unis pour toujours, dans chaque chose que nous ferons, que nous vivrons, que nous soyons ou non ensemble...(par ensemble, il voulait dire en couple), parce qu'être ensemble pour toujours, c'était en référence à nos âmes et notre coeur.... Il parlait de nous comme d'une seule personne dans deux corps... Je ne sais pas si tu me comprends...?*

16:39 - ***Juan:*** *Oui*

16:39 - ***Juan:*** *Je te comprends*

16:39 - ***Juan:*** *Je comprends José María*

16:39 - ***Juan:*** *Et je te comprends aussi, mon amie...*

16:39 - ***Juan:*** *Parfaitement*

2 juin, 10:20 - Mariela: *Mon amiiii....je suis dans le centre, en train de me promener sur le Patio Olmos et soudain, je m'arrête à un coin de rue et je commence à me souvenir... non, non, non, mon dieuuu, pourquoi???? ...je me suis souvenue d'une situation avec José María....je me suis arrêtée pour te l'écrire.... et je ne sais pas pourquoi, mooon dieuuu, cela m'arrive soudain, un souvenir se révèle et je revis la situation comme si j'étais là ... à ce moment.....*

10:21 - ***Mariela:*** *Je manque d'air je te jure et je sens que je ne peux plus respirer,.....*

10:21 - ***Mariela:*** *Je vais chercher un bar...*

10:21 - ***Mariela:*** *Et je te l'écris*

10:22 - ***Mariela:*** *Je t'écris ce dont je me souviens*

10:39 - ***Mariela:*** *Là, je l'ai écrit*

10:40 - ***Mariela:*** *Je te l'envoie*

10:52 - ***Mariela:*** *José María faisait de ces folies pour moi..., un jour comme tant d'autres où nous nous étions retrouvés, près de mon travail, il rêvait de me prendre par la main..., m'étreindre et* *m'embrasser, pendant que nous marchions dans la rue...,mais ça, nous ne pouvions jamais le faire, c'était très risqué, surtout pour moi, à ce moment-là, et lui respectait cela, il faisait attention à moi, en un certain sens, car pour lui rien n'avait d'importance... s'il n'avait tenu qu'à lui, il l'aurait toujours fait, mais il me respectait et je me souviens qu'il me disait... pour toi, j'ai donné mon âme et je vais continuer à le faire à tout jamais..... MAIIIIS ce jour-là arriva..., nous nous retrouvâmes un après-midi, près de mon travail et quand je le vois, je veux lui donner un baiser sur la joue, et lui tourne son visage et m'embrasse au milieu de la rue, et je restais immobile... (me demandant, qu'est-ce que je fais maintenant)... mais la vérité c'est que je m'abandonnais à ce baiser et à ce moment, je ne voyais que lui... et que fit José María...??? Après le baiser, il m'étreignit si fort qu'on aurait dit qu'il voulait m'écraser... ahah, et j'en fis autant... Et il me dit, écoute..., et il se mit à genoux devant tout le monde et moi pendant ce temps, je lui disais, s'il te plait, arrête, ne me fais pas ça ici, mon dieuuu, je me souviens et ça me fait rire... et même de la douleur, je ne sais pas si tu me comprends, mon ami...?? Et il commença à crier, mais à crier, eh, si fort, toujours à genoux, ahah, mon dieuuuu..., et il criait, Je T'aime même quand je respire..., regarde-moi et sens-le... et je te le dis en criant pour que tu réagisses, que notre amour est Sacré... Et il recommençait à dire je t'aime, même quand je respire,... Mon visage se décomposait, entre surprise et énorme honte , devant les gens qui passaient par là... certains regardaient, l'air sérieux, d'autres riaient, et une personne passe et dit... heyy... allez, vas-y, pauvre homme, il est en train de te dire qu'il t'aime, et j'étais pétrifiée, je te jure que j'étais comme paralysée.... Et il me disait, regarde-moi... regarde-moi et dis-moi que tu ressens la même chose...? Et moi, mon ami, avec mes principes, ce que je ressentais pour lui..., le bordel que j'avais dans ma tête, et l'impossibilité de savoir ce que je pouvais faire dans cette putain de situation......., je l'ai relevé, lui ai pris le visage dans les mains, je l'ai regardé et je lui ai dit... tu sais ce que je ressens pour toi..., et il me disait... dis-le moi... dis-le moi..., et moi, qui à ce moment-là ne lui avais jamais dit je t'aime, (en vérité je ne sais pas pourquoi, je ne lui avais jamais dit que je l'aimais, c'est vrai, je ne sais pas, quelle idiote, mon dieuuu)... et il me disait, dis-le moi... et moi pendant que je lui tenais le visage, je le relevais et lui dit, je t'aime plus que ma vie..., la tête de José María, à ce moment-là..., ses yeux étaient illuminés, et il me dit, je le savais..., je le savais, mon amour..., et il me prit dans ses bras, je me souviens qu'il me souleva, ahah, devant tout le monde tu sais ce qu'il se passa...??? Les gens commencèrent à aplaudir... ahah, ce fut quelque chose de fou, mooon dieuuu... et là nous allâmes chercher sa voiture, pour aller chez lui.... Et je crois que ce jour-là, nous fîmes l'amour comme jamais auparavant... Monn dieuuu, mon ami, pourquoi... pourquoi je me souviens de chaque détail et des moments vécus avec lui ..... Je ne me comprends pas? Et je ne comprends pas??? Je suis en train de devenir folle, mon ami..., c'est incroyable le nombre de choses dont je suis en train de me souveniiiiir.....*

*10:55 - **Juan:** C'est beau, mari*

*10:55 - **Juan:** Tu m'as fait pleurer à nouveau*

*10:55 - **Juan:** Parce que je m'identifie*

*10:56 - **Juan:** Un être incroyable, José María... avec cette conviction intime... la même conviction que moi, je sens dans mon coeur depuis 14 ans...*

***2 juin, 22:50 - Juan:** Tout va bien , mon amie...?*

*23:02 - **Mariela:** Ou tout va bien,.... Une de mes amies vient juste de partir..... Elle ne va pas très bien et j'ai du l'écouter, alors je suis un peu triste pour elle... Mais au moins, j'ai pu lui arracher un sourire,.... Elle compte beaucoup pour moi, alors elle a pleuré, nous avons pleuré... mais je sais qu'elle va s'en sortir et je vais être près d'elle, comme toujours ....*

*23:02 - **Juan:** Mais à part ça, tout va bien... sois tranquille, mon ami*

*23:02 - **Juan:** Je m'en réjouis, mari*

*23:02 - **Mariela:** Toi, comment vas-tu????*

*23:03 - **Juan:** Bien, je vais bien*

23:03 - ***Juan:*** *Aujourd'hui, tu vas peut-être rêver...*

23:03 - ***Juan:*** *Je voulais te prévenir, ahahahah*

23:03 - ***Mariela:*** *ahahahahah*

23:06 - ***Juan:*** *Cette nuit, tu vas rêver....*

23:06 - ***Juan:*** *Mais ce rêve ne va pas te mettre à mal, comme l'autre jour*

3 juin, 8:06 - Mariela: *Bonjour petit frèèèère,... Comment vas-tu? ..... Et j'ai rêvéééé !!!! .. tu avais raison.... Mais je te jure que je ne sais pas comment l'expliquer avec des mots..., je me voyais dans le rêve, sur le côté, comme je m'étais couchée... mais j'avais froid, très froid..., je ressentais un froid étrange..., je me voyais comme de côté... et soudain, j'ai senti des mains qui me touchaient le dos..., mais là, je ne me voyais plus..., je ne sais pas si tu comprends..., la seule chose que je sais, et dont je suis sûre, c'est que ces mains n'étais PAS celles de José María... (c'étaient de petites mains...), et j'ai la sensation que c'étaient celles de María..., et j'ai senti ces mains appuyer sur mon dos, et sur le côté de mon corps, (car j'étais couchée sur le côté) .... Et soudain, mon ami, j'ai senti que ce froid n'étais plus là et je me suis réveillée..., et je me souviens parfaitement qu'il était 2h56 du matin, mais je ne me suis pas réveillée effrayée... je me suis réveillée avec une sensation d'apaisement..., je ne sais pas comment l'expliquer..., mais ce qui est bizarre, c'est que le froid avait disparu... je ne le sentais plus.....ahh, mon dieuuu... je ne sais pas... ce fut étrange mon ami, très étrange,....*

8:06 - ***Mariela:*** *Mais je me sens bien, aujourd'hui, je n'ai pas d'angoisse, ni quoi que ce soit,.... Je me sens bien....*

8:07 - ***Mariela:*** *Je te jure que je me souviens du rêve, maintenant et je sens comme je ressentais ce froid, si difficile à expliquer... Ça a retenu mon attention....*

8:07 - ***Mariela:*** *Et encore plus quand j'ai cessé de le ressentir, après que ces mains se sont posées sur mon corps...*

8:07 - ***Mariela:*** *Je ne sais pas si tu me comprends?*

10:02 - ***Juan:*** *Bonjouuuur !!!!!!*

10:03 - ***Juan:*** *À l'évidence, une chose est sûre*

*10:03 - **Juan:** Quand je te dis de rêver tu rêves,!!... ahahah*

*10:03 - **Juan:** Ça c'est clair...*

*10:03 - **Juan:** D'un autre côté*

*10:04 - **Juan:** María a de petites mains...*

*10:04 - **Juan:** Elles sont menues et blanches*

*10:04 - **Juan:** Et quand au sens, je ne sais pas...*

*10:05 - **Juan:** Ça me semble une bonne chose que tu ne te sois pas réveillée aussi mal que l'autre jour...*

*10:06 - **Juan:** Et comme dernière réflexion*

*10:06 - **Juan:** C'est clair que oui, aujourd'hui, celle qui t'a touchée est bien María...*

*10:07 - **Juan:** Alors tu as une disposition pour te connecter avec elle...*

*10:07 - **Juan:** En rêve*

*10:07 - **Juan:** Elle aussi est une rêveuse*

*10:08 - **Juan:** Tu peux la contacter dans tes rêves*

*10:08 - **Juan:** Et là tu peux m'aider*

*10:19 - **Mariela:** Petit frèèèère*

*10:20 - **Mariela:** Ouiii, les mains étaient petites*

*10:21 - **Juan:** Au-delà de la taille des mains... c'est le sentiment que tu éprouves...*

*10:21 - **Mariela:** En réalité, je le sens plus que je ne le pense*

*10:21 - **Juan:** Tu sens que c'était elle...?*

*10:21 - **Mariela:** C'est ça... je sens que je peux me connecter avec elle*

*10:21 - **Mariela:** Ouiiiii, je sens que j'étais elle*

*10:21 - **Mariela:** Parce que je la sentis comme si j'étais éveillée, tu comprends...? C'est étrange, ce que je ressentis...*

*10:22 - **Juan:** Souviens-toi que dans l'autre rêve, tu t'es réveillée quand elle t'a tendu la main...*

*10:22 - **Mariela:** Je ne l'ai pas vue comme les autres fois, mais je l'ai sentie*

*10:23 - **Mariela:** Ce fut bizarre, très bizarre*

*10:23 - **Mariela:** Mon dieuuuu, c'est incroyable...*

*10:24 - **Juan:** Oui.... incroyable....*
*10:24 - **Juan:** Mari...*
*10:25 - **Juan:** Je crois que tu peux te connecter avec elle dans les rêves...*
*10:25 - **Juan:** Il y a plusieurs indices*
*10:25 - **Juan:** Sa description...*
*10:25 - **Juan:** Ta perception, si fine, de comment elle est...*
*10:25 - **Juan:** Ses mains si petites...*
*10:26 - **Mariela:** Ahhhh, mon amiiii...*
*10:26 - **Juan:** Et tout le reste... ce qui est arrivé avant...tout a été un signe, si clair, mais si clair...*
*10:30 - **Juan:** Tu ne sais pas à quel point, elle Maria me manque, mon amie...*
*10:30 - **Mariela:** Je le sais, mon ami, je le sais*
*10:31 - **Mariela:** Je vais faire en sorte qu'elle se réveille*
*10:31 - **Mariela:** Je te le promeeeeets*
*10:31 - **Mariela:** Aies confiance, mon petit frère... aies confiance en moi*
*10:31 - **Mariela:** ET ÇA VA ÊTRE AINSI*
*10:31 - **Juan:** Merci, petite soeur...*
*10:31 - **Juan:** ÇA VA ÊTRE AINSI*
***3 juin, 23:32 - Mariela:** Écoute, mon ami, je viens de chercher sur Facebook, je voulais avoir confirmation que c'était bien la femme que j'avais vue dans mon rêve... il y en a des centaines avec son nom, mais à peine j'ai vu cette photo que je l'ai reconnue. Telle que je l'ai vue dans le rêve, je l'ai trouvé, mon ami, je te l'envoie pour que tu me confirmes, c'est la femme dans mes rêves...*
*23:33 - **Mariela:** Je te l'envoie .... C'est elle?*
*23:33 - **Mariela:** María?*
***3 de Jun, 23:36 - Juan:** Oui, mon amie...*
*23:36 - **Juan:** C'est elle*
*23:36 - **Mariela:** Je l'ai à peine vue*
*23:36 - **Mariela:** J'ai su que c'était elle*
*23:36 - **Juan:** Mon amour*

23:36 - **Mariela:** *Je voulais que tu me le confirmes*

23:36 - **Juan:** *Toutes mes cellules s'activent, rien qu'en voyant sa photo...*

23:36 - **Juan:** *J'Aime cet être d'une manière Sacrée, mari*

23:36 - **Mariela:** *Je le saiiiis ....*

23:36 - **Mariela:** *Et je peux comprendre ce qui t'arrive*

23:37 - **Mariela:** *Moi, je m'en suis rendue compte trop tard, mon ami, et je comprends cela, je le comprends.....*

23:37 - **Juan:** *Oui*

23:37 - **Juan:** *Tu l'as vue ainsi dans tes rêves ?*

23:38 - **Mariela:** *Oui, je l'ai vu comme ça ..... C'était elle ... Ça me confirme que María était dans mes rêves...*

23:39 - **Mariela:** *Ça m'a frappé dès que je l'ai vue...*

23:39 - **Mariela:** *J'ai su que c'était elle sur la photo .... Je n'ai même pas cherché d'autres photos*

23:40 - **Juan:** *Mon coeur se dilate*

23:40 - **Juan:** *Mon énergie s'est modifiée*

23:40 - **Mariela:** *Et je sais et je sens qu'elle va m'écouter, qu'elle va écouter mes problèmes*

23:41 - **Juan:** *Dis-lui... si tu en rêves en core... que je dis que c'est la plus belle femme du monde*

23:41 - **Mariela:** *Ton énergie s'est modifiée positivement???*

23:41 - **Juan:** *Oui... je sens que mon chakra du coeur s'ouvre.... Il s'est dilaté.... C'est étrange, mais on le sent...*

23:42 - **Mariela:** *Je vais lui redire, mon ami....*

23:42 - **Mariela:** *Aies confiance*

23:42 - **Mariela:** *Elle t'écoute*

23:42 - **Mariela:** *Et te sent*

23:44 - **Juan:** *Incroyable, petite soeur, je me sens dilaté... sa seule image me comble*

23:48 - **Juan:** *J'Aime cette femme... Je l'aime de tout mon être*

23:49 - **Juan:** *Sang de mon sang, esprit de mon esprit*

23:50 - **Juan:** *....J'ai toujours voulu lui dire... comme je pouvais... que ce lien que je sens avec elle ... ne pourrait exister s'il* *n'était pas réciproque..., avec deux bouts, avec deux extrémités.... que ma seule vérité était celle-là-....*

*23:51 - **Juan:** Et elle m'écoutait, et je sais que son coeur partageait ce que je disais... mais sa tête le niait toujours...*

*23:52 - **Mariela:** Et elle le sait, ce qui se passe c'est qu'elle raisonne sur tout, et ne voit pas au-delà de son âme, et ce que je sens, elle le raisonne, et ça ne la laisse pas te regarder*

*23:52 - **Mariela:** Et je la comprends*

*23:52 - **Mariela:** Et je te comprends aussi*

*23:52 - **Mariela:** Mais je vais l'aider à se réveilleeeer*

*23:52 - **Mariela:** Je te le promets*

*23:52 - **Mariela:** Parce que Fut ainsi, c'Est et ce Sera*

*23:53 - **Juan:** Ainsi Fût, Est et Sera*

LETTRE À MARIA

“ Et Maria lui dit oui, et il répond que tout ira bien, que les fleurs repousseront, là où nous pleurons aujourd’hui...” – L’Oreille de Van Gogh

B*onjour María. Tu sais, il est arrivé quelque chose dans ma vie, quelque chose que je meurs d’envie de te raconter, quelque chose de grand s’est manifesté, et disons qu’avec préméditation, Dieu m’a parlé*

Ce furent dix jours où je me suis senti comme dans un film, ou quelque chose comme ça.

Un grand vertige et une sensation de perplexité devant ce qui m’arrivait. Et les réponses sont arrivées, María. Et ça m’a fait du bien, parce que celui d’en haut m’a montré ce que j’avais besoin de voir, ce que je savais déjà.

María, nous venons du même endroit, de la même étincelle. Je le sais, je l’ai toujours su, nous sommes Un, la même Essence.

Avant la Conception, nous étions Un. Ton Âme le sait. Après, la vie et deux personnalités.

Mais il y a quelque chose en toi qui est comme une défense, c’est comme si tu mettais tous tes efforts à ne pas croire.

C’est Moi, María, même après tout ça, ce qui est arrivé et ce qui ne l’est pas..., C’est Moi, María...! Regarde-moi avec ton âme!

Ceci existe. Ça a toujours existé. De tout temps, il y a eu des Liens sacrés qui exprimèrent l’Amour de Dieu sur la Terre. Et ça a un sens et une fin,, et c’est Sacré, María.

Dans le Ciel, nous sommes Mari etFemme, et nous sommes venus exprimer l'Amour Éternel sur la Terre.

C'est moi, María, ton Âme le sait.

Ça fait quatorze ans que nous nous connaissons, je suis passé et nous sommes passés par beaucoup de situations, et tout a été un réveil, un chemin à l'intérieur de moi, pour arriver au centre. Et je suis arrivé à ce que j'ai toujours su, María...!

Le Ciel sur Terre....

C'est Moi, María....

Le Propre de ces Liens est de montrer ton Côté Obscur, pour pouvoir Guérir.

Je sais que c'est la Dernière Épreuve.

C'est Ici, Maintenant, Éternellement.

Juan

"Parce qu'en Elle, il trouvera sa Parfaite Résonance. La Dame de ses Pensées, et Lui, son Chevalier Servant" – Boris Mouravieff

Cher lecteur, vous lisez l'histoire, vous êtes toujours en cours d'écriture. Si vous êtes à ce point, il est parce que le sujet de Twin Flames vous intéresse. Je veux vous demander de laisser un commentaire sur la plate-forme où vous avez acheté ce livre. Votre avis sera sûrement aider beaucoup d'autres personnes intéressées à ce sujet. Merci!

Vos critiques et vos recommandations personnelles feront la différence

Les critiques et les recommandations personnelles sont essentielles pour le succès d'un auteur. Si vous avez aimé ce livre, veuillez, s'il vous plait, et ce même si cela ne représente qu'une ligne ou deux, en faire une critique, ainsi qu'en parler à vos amis. Vous permettrez ainsi à l'auteur de proposer d'autres livres, et à d'autres lecteurs de profiter de ce livre.

Votre soutien est vivement apprécié !

Êtes-vous en quête d'autres bonnes lectures ?

Vos livres, votre langue

Babelcube Books permet aux lecteurs de trouver de bonnes lectures en jouant le rôle d'entremetteur entre vous et votre prochain livre.

Notre collection consiste en des livres publiés par Babelcube, un marché qui unit des auteurs indépendants et des traducteurs afin de distribuer, mondialement, leurs livres dans plusieurs langues. Les livres que vous trouverez ont été traduits afin que vous puissiez découvrir de fantastiques lectures dans votre langue.

Nous sommes fiers de vous fournir les livres du monde.

Si vous voulez en savoir plus sur nos livres, consulter en ligne notre catalogue et vous inscrire à notre lettre de diffusion pour connaître nos dernières publications, visitez notre page web :

www.babelcubebooks.com

9717044R00087

Printed in Germany
by Amazon Distribution
GmbH, Leipzig